示范校重点专业建设成果教材
职业教育技能型实用人才培养系列规划教材

CHENGSHI GUIDAO JIAOTONG

城市轨道交通
车站服务与礼仪

CHEZHAN FUWU YU LIYI

主　编　田跃红
副主编　袁　佳　罗　潇
　　　　杨炎锋　蔚衍娟

西南交通大学出版社
·成　都·

图书在版编目（CIP）数据

城市轨道交通车站服务与礼仪 / 田跃红主编. —成都：西南交通大学出版社，2018.9
示范校重点专业建设成果教材　职业教育技能型实用人才培养系列规划教材
ISBN 978-7-5643-6439-7

Ⅰ. ①城… Ⅱ. ①田… Ⅲ. ①城市铁路－铁路运输－客运服务－礼仪－职业教育－教材 Ⅳ. ①U293.3

中国版本图书馆 CIP 数据核字（2018）第 216546 号

示范校重点专业建设成果教材
职业教育技能型实用人才培养系列规划教材
城市轨道交通车站服务与礼仪

主编　田跃红

责任编辑　孟秀芝
封面设计　何东琳设计工作室

出版发行　西南交通大学出版社
（四川省成都市二环路北一段 111 号
西南交通大学创新大厦 21 楼）
邮政编码　610031
发行部电话　028-87600564　028-87600533
网址　http://www.xnjdcbs.com
印刷　四川煤田地质制图印刷厂

成品尺寸　185 mm×260 mm
印张　11.5
字数　244 千
版次　2018 年 9 月第 1 版
印次　2018 年 9 月第 1 次
定价　45.00 元
书号　ISBN 978-7-5643-6439-7

课件咨询电话：028-87600533

总　序

近 5 年来，国家先后颁布了《国务院关于加快发展现代职业教育的决定》（国发〔2014〕19 号）、《国家教育事业发展“十三五”规划》（国发〔2017〕4 号）、《国务院办公厅关于深化产教融合的若干意见》（国办发〔2017〕95 号），重庆市为贯彻落实国家颁布的相关政策文件，特制定了《重庆市人民政府关于加快发展现代职业教育的实施意见》（渝府发〔2015〕17 号）等政策文件，大力推进职业教育改革发展。

为积极响应国家政策，更好地适应重庆经济转型和产业结构调整的需要，2014 年，重庆市教委、市人力社保局、市财政局决定实施市级中等职业教育改革发展示范学校建设计划，2014—2016 年，在全市范围内重点支持建设不超过 30 所市级中等职业教育改革发展示范学校。项目学校通过人才培养模式改革、专业课程体系建设、校企合作、师资队伍建设等，促进学校改革创新、内涵发展，成为全市中等职业学校改革创新的示范、提高质量的示范、办出特色的示范，在中等职业教育改革发展中发挥引领骨干和辐射作用，为经济社会发展培养高素质劳动者和高技能技术人才。

2016 年 8 月，重庆市公共交通技工学校成功申报为市级中职示范校项目建设学校。经过两年的建设，在课程改革和教材建设上取得了可喜成绩，为进一步总结经验，固化成果，特组织骨干教师编写了 20 余门系列优质课程配套教材，并交由西南交通大学出版社审核出版。

本系列教材是在相关企业专家的悉心指导以及参与下完成的。教材以强化学生职业能力和培养综合素质为主线，以工作过程为导向，以典型工作任务和生产项目为载体，立足行业岗位要求，参照相关职业资格标准和行业技术标准，遵循中职学生成长规律、中职教育规律和行业生产规律进行开发建设。教材按照项目导向、任务驱动、模拟情境等教学模式要求，构建学习任务单元，注重学生可持续发展能力、创新能力、综合技术能力的培养，具有典型的工学结合特征。

本系列教材是重庆市公共交通技工学校不断深化教学改革的结果，更是市级中职示范校建设的一项重要成果，其中凝聚了各位编审人员的大量心血与智慧，也凝聚了众多行业专家的智慧。同时，在编写过程中得到了有关兄弟院校的大力支持，在此一并表示诚挚感谢!希望该系列教材的出版能有助于促进中职相关专业人才培养质量的提高，能为交通运输类职业院校的教材建设起到积极的引领和示范作用。本系列教材涉及专业面广，加之编者对现代职业教育理念的学习和认知仍需不断地改进和提高，书中难免存在不妥之处，恳请专家、同行不吝赐教，以促使我们不断提高教材编写的质量和水平。

李　灿

2018 年 5 月

前言 PREFACE

为深入贯彻《国务院关于加快发展现代职业教育的决定》（国发〔2014〕19号）和全国职业教育工作会议精神，加强优质职教资源建设，根据重庆市委、市政府《关于大力发展职业技术教育的决定》（渝委发〔2012〕11号）有关要求，重庆市教育委员、重庆市人力和社会保障局、重庆市财政局自2014年启动重庆市市级中等职业教育改革发展示范学校建设工作。2016年8月18日，重庆市公共交通技工学校立项为重庆市第三批市级中等职业教育改革发展示范学校建设单位。

本教材是重庆市公共交通技工学校市级中职示范校重点建设专业——城市轨道交通运输与管理专业的建设成果之一。教材总结了学校多年的专业教学经验，结合行业企业对轨道站务员等岗位的特殊要求，以学生就业为导向，以能力为本位，按照轨道车站服务的工作程序循序渐进，以培养学生城市轨道交通车站服务职业能力为主线，将轨道车站服务的相关知识和技能融于一体，在编写过程中尽量体现教材的职业性、实用性、操作性和先进性。通过此教材的教学，学生能够具备服务礼仪、车站服务的基本知识，掌握乘客服务中心服务、站厅服务、站台服务、乘客投诉处理等的专项技能。全书内容共分4个项目14个学习任务，项目一为城市轨道交通车站服务认知，项目二为城市轨道交通车站常用服务礼仪认知与操作，项目三为城市轨道交通车站常规服务认知与操作，项目四为城市轨道交通车站特殊服务认知与操作。每个学习项目由若干个学习任务组成，每一任务设有任务描述、任务目标、任务学习、任务训练、任务拓展等环节。

本教材由重庆市公共交通技工学校田跃红担任主编，并编写教材的前言、项目一、项目二，重庆市公共交通技工学校袁佳、重庆公共运输职业学院蔚衍娟编写项目三，重庆市公共交通技工学校罗潇、杨炎锋编写项目四。

本教材在编写过程中参考了部分书籍、论文等文献资料，并引用了一些研究成果，在此对这些专家和学者表示深深的谢意。重庆轨道集团对本教材的编写提供了一定的资料支持，特表示感谢。由于工作疏忽或者其他转载等原因，有一些引证参考资料未列明出处，若有此情况，在此表示真诚的歉意。鉴于编写时间紧，任务重，书中难免有不妥之处，敬请读者提出宝贵意见，以便再版时修订完善。

编　者

2018 年 5 月

目录 CONTENTS

项目一

城市轨道交通车站服务认知

任务一　城市轨道交通车站服务认知

任务描述

城市轨道交通车站服务是城市轨道运营管理等相关专业的一门必修课程。通过学习，学生应当了解城市轨道交通车站服务的基本概念，掌握城市轨道交通车站服务的基本内容，掌握一定的在未来工作中所需要的城市轨道交通车站服务的方法和技巧，以提升车站服务工作的质量，能够基本达到轨道交通企业服务类岗位从业人员的基本标准。

任务目标

- 了解城市轨道交通车站服务的概念。
- 掌握城市轨道交通车站服务的内容。
- 掌握城市轨道交通车站服务的方法和技巧。
- 了解城市轨道交通车站服务质量管理。

任务学习

一、服务的概念

服务是指服务方按照被服务方的意愿和要求，为满足被服务方的需要而提供相应满意活动的过程。服务的产生过程实质上是一个将部分家务劳动转变为带有交换性质的服务劳动的过程，其目的是解决人们实际生活中的难题。服务是伴随着人类需求的不断增长而发展起来的。

服务过程中包括两方：一方是服务方，另一方是被服务方。服务方是根据被服务方的意愿提供服务活动的一方，处于服务过程中的被支配地位；被服务方是提出服务要求，要求服务方给予满足的一方，处于服务过程中的支配地位。

二、城市轨道交通车站服务的概念

车站是交通运输生产的基地。城市轨道交通车站是供旅客乘降、列车到发、设备安装和工作人员工作的场所，是城市轨道交通的重要组成部分之一。

服务一般仅指社会成员之间相互提供方便的一类活动，通常可分为有偿的、直接或间接的提供方便的经济性劳动服务。另外，服务也指服务方按照被服务方的意愿和要求，为满足被服务方的需要而提供相应满意活动的过程。

城市轨道交通车站服务就是在城市轨道交通运输业中，为了让乘客安全、准时、快速地到达目的地，在顾客乘车前、中、后提供的各类服务，比如咨询引导、购票、充值、安全维护、应急救助等服务。

三、城市轨道交通车站服务的内容

车站是城市轨道交通主要的服务窗口，城市轨道交通车站服务的对象主要是乘客，因此，车站服务的水平在很大程度上直接影响着乘客对轨道交通行业服务质量的感知和评价。车站服务范围覆盖车站内乘客能够直接达到的地方，其内容主要包括乘务服务、站厅服务、站台服务、投诉服务、应急服务、特殊服务等。

（1）乘务服务：为乘客乘坐轨道交通提供的运输服务。

（2）站厅服务：为乘客乘坐轨道交通提供的购票、安检、检票等服务。

（3）站台服务：为乘客乘坐轨道交通提供的候车、安全、广播、秩序维护、检修等服务。

（4）投诉服务：为乘客乘坐轨道交通提供的投诉接待、处理等服务。

（5）应急服务：为乘客乘坐轨道交通提供的生病、走失等突发事件处理服务。

（6）特殊乘客服务：为残障乘客乘坐轨道交通提供的特殊服务。

四、城市轨道交通车站服务的特征

城市轨道交通车站服务作为一种特定的产品，与一般产品相比，具有以下四个特征。

（一）无形性

城市轨道交通车站服务与有形的实体产品相比，其表现形式是无形无质的，且具有同时性。也就是说服务的生产和消费是同时进行的，服务的生产过程同时也是服务的消费过程。服务过程只可以感觉，不像实物商品一样具有可视性。服务质量在很大程度上依靠服务人员的表现来实现。无形性是服务的最基本特征。

（二）不可分离性

城市轨道交通车站服务的不可分离性指服务不像有形的产品那样可以储存起来，以备将来出售或消费。服务产品的无形性、生产与消费的不可分离性，使其只能在生产的同时被即时消费。

（三）差异性

城市轨道交通车站服务的差异性指服务质量会因服务主体、服务环境等的差异而存在不同，难以控制。服务行业是以“人”为中心的产业，服务虽然有一定的标准，但会因人、因时、因地而表现出不同。比如，有经验的员工和没有经验的员工提供给客人的服务就会相差很大，有服务热情的员工与缺乏服务热情的员工提供给客人的服务也会不一样，同一员工在不同情况下提供给客人的服务效果也可能会不一样。

（四）评价的复杂性

实物产品由于具有实体性的特点，因此可以按照统一的工艺流程进行生产，按照统一的技术标准进行评价，而测评无形的、不能储存的服务产品无疑要复杂得多，服务企业也很难通过标准化管理来保证服务产品的质量。同时，轨道交通乘客作为被服务的对象，本身具有主观性，这也会导致评价的复杂和不可控。

五、城市轨道交通车站服务的方法

车站是乘客与轨道交通从业人员面对面接触的唯一地方，车站服务质量的好坏将直接影响到乘客对轨道交通运营质量的评价。那么，车站服务人员怎样才能提高服务质量呢？服务人员必须通过各种方法、手段、途径和“热情好客”态度，在为乘客服务的过程中，营造一种和谐的氛围，产生一种良好的心理效应，从而触动乘客情感，唤起乘客心理上的共鸣，使乘客在接受服务的过程中产生舒适、愉悦之感。那么，车站服务人员怎样做到让乘客乘兴而来、满意而归呢？

1. 塑造良好的个人形象

心理学上有一种效应叫第一印象，它是指人与人第一次交往中给对方留下的印象，在对方的头脑中形成并占据着主导地位。在社会心理学中，把由于第一印象的形成所导致的在总体印象形成中最初获得的信息比后来获得的信息影响更大的现象，称为首因效应，也叫最初效应。心理学家认为，第一印象主要是性别、年龄、衣着、姿势、面部表情等“外部特征”。一般情况下，一个人的体态、姿势、谈吐、衣着打扮等都在一定程度上反映出这个人的内在素养和其他个性特征。第一印象具有长久性、稳定性、定向性和片面性等特征。由于第一印象是非常常见的一种社会知觉偏差，它一旦建立起来，对后来获得信息的理解和组织有着强烈的定向作用。良好的第一印象，能够迅速让人获得对方的好感和信任感，对塑造良好的人际沟通交流关系起着积极的推动作用。反之，则会对正常的人际沟通带来障碍，甚至产生负向的作用。

在车站服务中，服务人员只有通过自己的衣着、姿势、面部表情、语言等与乘客建立良好的沟通关系，塑造良好的第一印象，才能获得乘客对自己服务工作的认同，从而提高乘客对车站服务工作的认可。

第一，要有仪表美。要求衣着整洁规范，举止大方得体。切忌浓妆艳抹，油头粉面。

第二，要有语言美。要求语言表达清晰，声调轻柔，语速适当，给人春风拂面之感。切忌高谈阔论，语言粗俗。

第三，要有行为美。要求行为举止合规，尊重他人，温良谦恭，落落大方。切忌行为粗鄙，傲慢不逊。

2. 真心诚意服务

古人云：“心弱则志衰，志衰则不达。”一个人一旦在心思、心灵、心劲上出了乱子甚或迷失方向，就会失去与人交往的真心。在为他人服务的过程中，服务人员应该做到真心真意为他人着想与服务，不虚伪、不做作，真正将工作做好、做精。

第一，微笑服务。微笑是语言，服务是职责，满意是追求。用微笑服务乘客，用笑容感染乘客。服务人员要坚持以饱满的热情、周到的服务完成本职工作，并且要时常反思、改进和提高自己的服务品质。服务人员要始终牢记“乘客至上，品质一流”的服务理念，主动帮扶困难乘客，主动解答乘客疑感，随时随地将微笑传递给过往的每一位乘客。如图 1-1 所示。

图 1-1　苏州轨道交通的微笑服务

第二，真诚服务。真诚是建立良好人际关系的重要渠道。服务人员需要学会换位思考，发自内心地把乘客当作亲人，真心诚意为乘客提供优质的驾乘服务。在实际工作中，服务人员充满善意地对待身边所有的人，既能高品质地完成工作，也能获得他人的尊重与信赖。

3. 积极主动服务

积极主动就是要掌握服务工作的规律，在顾客提出要求之前自觉做好服务工作，要有主动“自找麻烦”、力求客人完全满意的思想，做到处处主动，事事想深，事事处处为顾客提供方便。服务人员要善于观察和分析乘客的心理特点，懂得从乘客的神情、举止发现乘客的需要，正确把握服务的时机，服务于乘客开口之前，效果超乎乘客的期望之上，力求服务工作完善妥当、体贴入微、面面俱到。

很多人在社会生活中存在交往障碍，无法与他人建立良好的人际关系，其主要原因就在于他们在社会交往中往往采用的是消极、退缩、被动的交往方式，以致无法与他人正常交往或产生激烈的矛盾，甚至人际关系处于僵化状态，给自己的生活、工作和学习造成极大的困扰。当今社会是一个竞争激烈的社会，人们更多关心的是自己和亲近的人，对陌生人不会无缘无故地感兴趣。因此，服务行业的人员要在短时间内与他人建立良好的关系，就必须积极主动作为，成为交往的发起者。当你敢于主动迈出这一步时，你会发现你积极热情的主动基本上都会得到很好的回应。当你得到的回应越来越多的时候，你的自信心就会增强，你的服务质量就会提高。因此，只要你能积极主动为乘客服务，你就会得到更多更好的收获，你的职业认同感也将越来越高。

4. 热情耐心服务

要待客如亲人，初见如故，面带笑容，态度和蔼，语言亲切，热情诚恳。在川流不息的乘客面前，不管服务工作多繁忙、压力多大，服务人员都要保持不急躁、不厌烦，镇静自如地对待乘客。乘客有意见虚心听取，乘客有情绪尽量解释，绝不与乘客争吵，发生矛盾要严于律己，恭敬谦让。也就是要急乘客所需，想乘客之所求，认认真真地为乘客办好每件事，无论事情大小，均要给乘客一个圆满的结果或答复，即使乘客提出的服务要求不属于自己岗位的服务，也主动与有关部门联系，切实解决乘客疑难问题，把解决顾客之需当作工作中最重要的事，按顾客要求认真办好。如图 1-2 所示。

图 1-2 热情服务

六、城市轨道交通车站服务的技巧

优质的车站服务要得到乘客的肯定和赞许，要做到四个“到”。

1. 眼 到

眼到是做到热情服务最基本的要求。服务人员在沟通的时候要看着对方，不可四下环顾或上下打量。眼到的两个基本要求如下：

（1）“目中有人”。近距离（1.5 米左右）服务时，服务人员要注视服务对象的眼睛；距离较远时（3 米左右），服务人员要注视服务对象的头部或鼻眼三角区，养成正视、平视、仰视对方的习惯，不得斜视、俯视和扫视服务对象。

（2）“眼里有事儿”。服务人员要善于观察服务对象，及时了解和满足其需求。

2. 口 到

在服务时，服务人员应将自己对服务对象的全心全意、善心善意不遗余力地用语言、用行动表达出来。口到具体有以下两点要求：

（1）服务人员要讲普通话，这是基本要求，也是一种服务意识，更是一种服务技巧。语言是沟通的前提，当服务人员使用方言的时候，其市场就只限于本地；当服务人员使用普通话的时候，其市场可以面向全国；如果服务人员能够使用国际语言，则其市场将会面向世界。

（2）服务人员要懂得说话时因人而异，要注意场合。

3．身　到

身到就是要求服务人员的服务及时、迅速，能够满足服务对象的需求，具体有以下三点要求：

（1）姿正，即身体姿势要正确。

（2）脚勤，即应及时、主动地满足服务对象的要求。

（3）手快，即服务的动作要准确。

4．意　到

意到是指表情和神态到，即心口一致、表情互动。意到具体有以下三个要求：

（1）表情要自然。服务时，服务人员的表情不要过分呆板。

（2）表情要互动。服务时，服务人员要表情协调（指符合对方的心理，不要人家高兴你却表情呆板，别人难过你反而傻笑）地进行交流。

（3）表情要大方。服务人员微笑时要露出 6 颗牙齿（上边），要表现得落落大方、不卑不亢。

七、轨道交通车站服务质量管理

1．城市轨道交通车站服务质量的概念

城市轨道交通车站服务质量指乘客在乘坐列车、使用车站设施时感知到的质量，实际上就是乘客对服务的一种评价。服务质量受到运输企业、服务品牌的形象和口碑、乘客的个人需求特征和过去经历的影响。

2．城市轨道交通车站服务质量的内容

乘客对车站服务的要求主要包括：乘车前的信息沟通、信息咨询渠道是否通畅；购票是否便捷、进站是否方便，候车舒适度；乘车过程中的环境、行车舒适度；到站后的交通方式的衔接、导向标志等。服务质量内容一般包括以下两部分：

（1）技术质量。技术质量主要指车站硬件所能提供的服务质量。它包括车站环境、车站设备的便捷性和实用性、车站的安全性等。技术质量主要体现在“经济”“安全”“可靠”“快速”等方面。经济是指乘客用更优的价格可以获得更好的服务；安全是指乘客在消费城市轨道交通服务的过程中，身体和精神不受到伤害；可靠是指按计划和承诺提供优质服务，比如保障乘客准时上下车；快速是指列车运行规范有序，能为乘客节省出行时间。如图 1-3 所示。

（2）功能质量。功能质量主要指车站的软性服务的质量它。主要包括车站人员的服务质量、轨道列车驾驶的服务质量等。功能服务质量主要体现在“文明”“便捷”“舒适”等方面。文明是指城市轨道交通车站服务能满足乘客的心理需求，让乘客身心愉悦；便捷是指轨道交通能够减少乘客的时间损失，更好地为乘客提供方便的服务；舒

适是指乘客对车站服务的主观感受，比如对车站服务人员的服务态度的认知、对车站设计颜色的感知等。如图 1-4 所示。

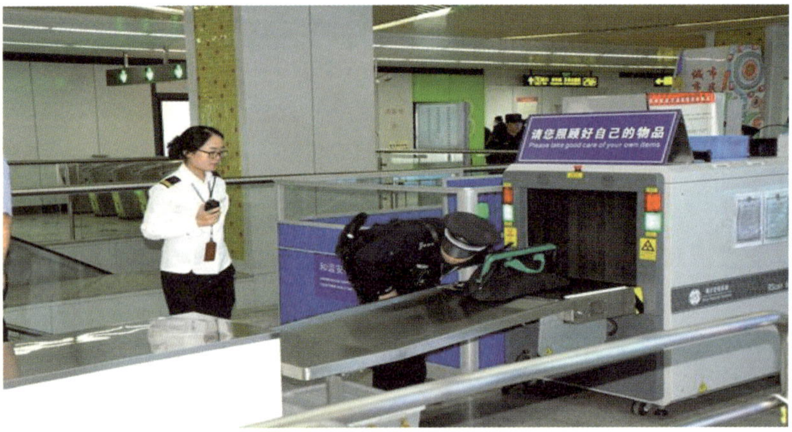

图 1-3　安全检查

图 1-4　重庆某车站的车站环境

3．城市轨道交通车站服务质量全面管理

城市轨道交通车站服务质量全面管理指通过建立管理体系，实现对车站服务各环节、各资源的管理，以促进车站服务质量的整体提升，简言之，就是通过优化资源配置，规范服务流程，在全体员工的积极参与下，以最经济的手段生产出乘客满意的服务产品，让轨道企业、员工、乘客都受益，从而促进企业的长期发展。

（1）优化轨道企业车站资源配置。

城市轨道交通车站是乘客直接接触的地方，是轨道交通企业服务的前线，车站外观环境、设备设计与运行、站台设计、车辆运行等都会直接影响乘客对车站硬件服务的评价。因此，优化车站硬件资源的配置，为乘客提供良好、优质、便捷的硬件设施设备是必须的。硬件条件不好，将直接导致乘客对车站服务的差评。

（2）规范车站服务流程。

城市轨道交通车站只有硬件条件是无法满足乘客的基本需求的，乘客在进站、购票、候车、乘车、下车、出站的过程中，都需要相关人员提供热情周到的服务，才能保障乘客获得优质的心理需求以及良好的乘车感受。因此，城市轨道交通车站服务必须形成一套规范有序的工作流程，每个岗位的员工都必须知晓、掌握、应用这一工作流程，才能为乘客提供优质、高效的服务。

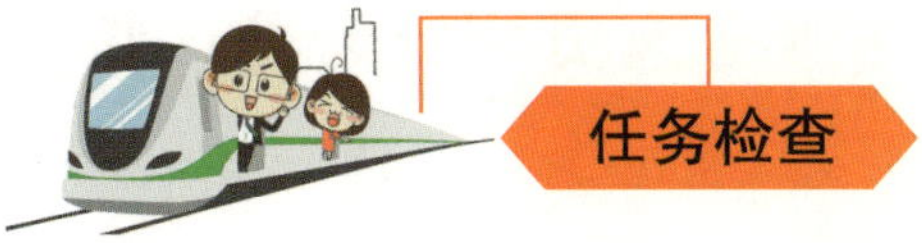

表 1-1　城市轨道交通车站服务认知——任务检查单

任务编号	1-1	任务名称	城市轨道交通车站服务认知
序号	检查内容	是	否
1	车站服务只包括乘务服务、站厅服务、站台服务		
2	车站服务具有无形性、不可分离性、差异性和评价复杂性		
3	在服务工作中，第一印象非常重要		
4	车站设施设备的质量会直接影响乘客对轨道交通服务质量的评价		
5	车站服务人员应该规范着装，施淡妆		

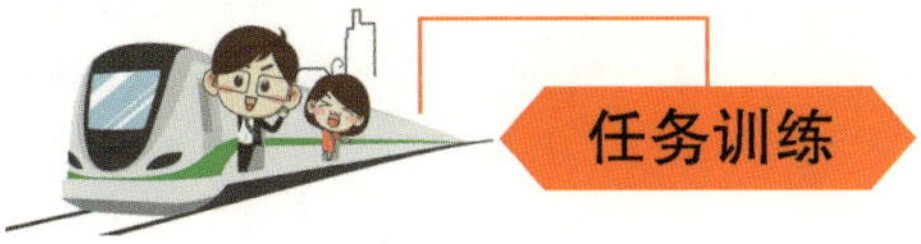

1. 车站服务主要包括（　　）。

A. 乘客服务　　B. 站厅服务　　C. 站台服务　　D. 投诉服务

2. 我们要塑造良好的第一印象，需要做到（　　）。

A. 待人礼貌　　B. 行为大方　　C. 衣着整洁　　D. 表达清晰

3. 真诚服务要求我们要（　　）。

A. 换位思考　　B. 善意待人　　C. 真诚待人　　D. 微笑服务

4. 在车站服务中，我们要做到“四到”，即：（　　）。

A. 眼到　　B. 口到　　C. 身到　　D. 意到

5. 影响车站服务质量的主要因素有（　　）。

A. 设备好坏　　B. 发车准点率

C. 服务人员的态度　　D. 乘车感受

任务拓展

城市轨道交通企业如何提高车站服务的质量才能让乘客满意？

任务二　城市轨道交通车站服务人员职业素养认知

任务描述

素养是个人魅力的基础，它是指个人在理论、知识、艺术、思想等方面具有的一定水平，通常也是一个人综合能力与素质的体现。如果个人礼仪的形成和培养需要靠多方面的努力才能实现的话，那么个人素养的提高则要靠个人自身的努力。作为一名城市轨道交通行业服务人员，每天要为不同的乘客服务，具备良好的职业认知和素养是非常重要的。通过学习，要求掌握车站服务人员所需要具备的基本职业素养。

任务目标

- 识记职业素养的内涵。
- 掌握提高职业素养的途径。

任务学习

一、职业素养的内涵

职业素养是指职业内在的规范和要求，是在职业过程中表现出来的综合品质，包含职业道德、职业技能、职业行为、职业作风和职业意识等方面。职业素养是人类在社会活动中需要遵守的行为规范。个体行为的总和构成了自身的职业素养，职业素养是内涵，个体行为是外在表象。职业素养有三大核心：职业信念、职业知识技能、职业行为习惯。

“职业信念”是职业素养的核心。良好的职业信念应该包含良好的职业道德、正面积极的职业心态和正确的职业价值观，它是一个成功职业人必须具备的核心素养。良好的职业信念应该由爱岗、敬业、忠诚、奉献、正面、乐观、用心、开放、合作及始终如一等这些关键词组成。

“职业知识技能”是做好一个职业应该具备的专业知识和能力。俗话说“三百六十行，行行出状元”，没有过硬的专业知识，没有精湛的职业技能，就无法把一件事情做好，就更不可能成为“状元”了。

“职业行为习惯”是个体在职场上通过长时间地学习、改变、形成，最后变成习惯的一种职场综合素质。心念可以调整，技能可以提升。要让正确的心念、良好的技能发挥作用就需要不断地练习、练习、再练习，直到成为习惯。

二、培养职业素养的途径

（一）职业信念

职业信念包括个体的职业道德、职业态度和职业价值观。

1. 职业道德

职业道德有广义和狭义之分。广义的职业道德是指从业人员在职业活动中应该遵循的行为准则，涵盖了从业人员与服务对象、职业与职工、职业与职业之间的关系。狭义的职业道德是指在一定职业活动中应遵循的、体现一定职业特征的、调整一定职业关系的职业行为准则和规范。不同的职业人员在特定的职业活动中形成了特殊的职业关系，包括职业主体与职业服务对象之间的关系、职业团体之间的关系、同一职业团体内部人与人之间的关系，以及职业劳动者、职业团体与国家之间的关系。良好的职业道德是每一个员工都必须具备的基本品质，基本职业道德包括爱岗敬业，乐于奉献；实事求是，不弄虚作假；依法行事，严守秘密；公正透明，服务社会。

（1）爱岗敬业，乐于奉献。

爱岗敬业，是从业人员应该具备的一种崇高精神，是做到求真务实、优质服务、勤奋奉献的前提和基础。从业人员，首先要安心工作、热爱工作、献身所从事的行业，把自己远大的理想和追求落到工作实处，在平凡的工作岗位上做出非凡的贡献。从业人员有了爱岗敬业的精神，就能在实际工作中积极进取，忘我工作，把好工作质量关。其次要对工作认真负责和核实，把工作中所得出的成果，作为自己的天职和莫大的荣幸；同时认真分析工作中的不足和积累经验。随着市场经济的发展，对从业人员的职业观念、态度、技能、纪律和作风都提出了新的更高的要求。

（2）实事求是，不弄虚作假。

“实事求是”，是一个道德问题，是职业道德的核心。求，就是深入实际，调查研究；是，有两层含义，一是“是真不是假”，二是社会经济现象数量关系的必然联系即规律性。为此，我们必须办实事，求实效，坚决反对和制止工作上弄虚作假。这就需要有无私无畏的职业良心、职业作风与职业态度。作为一个工作者，必须把实事求是作为履行责任和义务的最基本的道德要求，坚持不唯书、不唯上、只唯实。从业人员要特别注意调查研究，经过去粗取精、去伪存真、由表及里、由此及彼的分析，按照事物本来面貌如实反映，有一说一，有二说二，有喜报喜，有忧报忧，不随波逐流，不看眼色行事。

（3）依法行事，严守秘密。

坚持依法行事和以德行事“两手抓”。一方面，要按照国家法律法规要求和企业规章制度开展工作；另一方面，要通过道德劝导和教育，提高从业人员的道德自觉性，把职业道德渗透到工作的各个环节，融于工作的全过程，增强从业者的道德意识。

严守秘密是职业道德必需的重要准则。所有社会从业人员都必须保守国家、企业和个人的秘密。

（4）公正透明，服务社会。

优质服务是职业道德所追求的最终目标，优质服务是职业生命力的延伸。作为轨道服务人员，接人、待物、处事都必须公开透明，一视同仁，才能赢得乘客的认可和肯定。轨道交通作为公益性行业，是为人民群众出行提供公共运输服务的，因此，轨道交通服务人员必须具有服务社会的理念和态度，才能做好本职工作。

2. 职业态度

（1）职业态度的概念。

职业态度是指个人对所从事职业的看法及在行为举止方面反应的倾向。一般情况下，态度的选择与确立，与个人对职业的价值认识，即职业观与情感维系程度有关。职业态度是构成职业行为倾向的稳定的心理因素，易受主观方面因素如心境、健康状况，以及客观环境因素如工作条件、人际关系、管理措施等直接影响而发生变化。肯定的、积极的职业态度，会促进人们去钻研技术，掌握技能， 提高职业活动的忍耐力和工作效率。职业态度的形成与发展是人们对有关职业知识的吸收，职业需要的满足，所属群体对他的期待，以及职业实践获得的体验等因素综合的结果。好的职业态度是营养品，会滋养我们的人生，积累小自信，成就大雄心，积累小成绩，成就大事业。

（2）良好的职业态度。

① 积极的态度。积极的态度居于职业心态的首位，有两个重要的表现：一是不轻言放弃；二是不怨天尤人。要塑造积极的心态，我们可以从以下两个方面来实现：一是要建立正确的价值评估体系，树立正确的价值观。能识别、判断生活、工作、

学习中哪些是正确的，哪些是不正确的。二是要有开悟的精神，认真领悟生命中的艰难和困苦，把生命和生活看透而不是看破；增强抗挫折的耐力；树立正确的思维方法；学会享受过程；活在当下，全身心投入；学会感恩；不要自责，相信自己；学会压力管理；培养远大的志向和宽广的胸怀；培养热心生活和乐观的生活态度；培养坚定的信念。

② 主动的态度。职业化员工有 4 件事情要学会主动：一是本职工作要主动；二是协助他人要主动；三是对公司、对团队有利的事情要主动；四是提升能力和素质的事情要主动。

③ 空杯的态度。要有谦逊的心态，能够谦虚地向他人学习并不断提升自己。

④ 学习的态度。要有“三人行必有我师”的心态，坚持“学无止境”，不断扩充自己的知识和技能，丰富自己的内涵。

⑤ 双赢的态度。要有互利合作的心态。在服务行业中就是要学会妥善处理和乘客之间的矛盾和纠纷，实现双方的互惠互利。

⑥ 包容的态度。要学会严于律己，宽以待人。以宽容大方的态度对待他人，减低工作矛盾和问题的产生可能性。

⑦ 自信的态度。要相信自己能够很好地处理各种问题，客观地评价自己。培养自信心有八种方法：破除自卑；开始抬头挺胸；要微笑面对生活；自信心的自我暗示；自信从行动开始；当众发言，学会大声讲话；下定决心；正确地、发展地、全面地看待自己。

（3）养成良好的职业态度。

一要着眼于严，积极进取，增强责任意识。责任心和进取心是做好一切工作的首要条件。责任心强弱，决定执行力度的大小；进取心强弱，决定执行效果的好坏。因此，要提高执行力，就必须树立起强烈的责任意识和进取精神，坚决克服不思进取、得过且过的心态。把工作标准调整到最高，精神状态调整到最佳，自我要求调整到最严，认认真真、尽心尽力、不折不扣地履行自己的职责。绝不消极应付、敷衍塞责、推卸责任。养成认真负责、追求卓越的良好习惯。

二要着眼于实，脚踏实地，树立实干作风。天下大事必作于细，古今事业必成于实。虽然每个人岗位可能平凡，分工各有不同，但只要埋头苦干、兢兢业业就能干出一番事业。好高骛远、作风漂浮，终究会导致一事无成。因此，要提高执行力，就必须发扬严谨务实、勤勉刻苦的精神，坚决克服夸夸其谈、评头论足的毛病，真正静下心来，从小事做起，从点滴做起。一件一件抓落实，一项一项抓成效，干一件成一件，积小胜为大胜。养成脚踏实地、埋头苦干的良好习惯。

三要着眼于快，只争朝夕，提高办事效率。“明日复明日，明日何其多。我生待明日，万事成蹉跎。”因此，要提高执行力，就必须强化时间观念和效率意识，弘扬立即行动、马上就办的工作理念。坚决克服工作懒散、办事拖拉的恶习。每项工作都要立足一个“早”字，落实一个“快”字，抓紧时机、加快节奏、提高效率。做任何事都要有效地进行时间管理，时刻把握工作进度，做到争分夺秒，赶前不赶后。养成雷厉风行、干净利落的良好习惯。

四要着眼于新，开拓创新，改进工作方法。只有改革，才有活力；只有创新，才有发展。面对竞争日益激烈、变化日趋迅猛的今天，创新和应变能力已成为推进发展的核心要素。因此，要提高执行力，就必须具备较强的改革精神和创新能力，坚决克服无所用心、生搬硬套的问题，充分发挥主观能动性，创造性地开展工作、执行指令。在日常工作中，我们要敢于突破思维定式和传统经验的束缚，不断寻求新的思路和方法，使执行的力度更大、速度更快、效果更好。养成勤于学习、善于思考的良好习惯。

3. 职业价值观

（1）职业价值观的概念。

职业价值观是指人生目标和人生态度在职业选择方面的具体表现，也就是一个人对职业的认识和态度以及他对职业目标的追求和向往。理想、信念、世界观对于职业的影响，集中体现在职业价值观上。每种职业都有各自的特性，不同的人对职业意义有不同的认识，对职业好坏有不同的评价和取向，这就是职业价值观。职业价值观决定了人们的职业期望，影响着人们对职业方向和职业目标的选择，决定着人们就业后的工作态度和劳动绩效水平，从而决定了人们的职业发展情况。哪个职业好，哪个岗位适合自己，从事某一项具体工作的目的是什么，这些问题便是职业价值观的具体表现。

（2）职业价值观的分类。

根据不同的划分标准，人们对职业价值观的种类划分也不同。美国心理学家洛特克在其所著的《人类价值观的本质》一书中提出 13 种价值观：成就感、审美追求、挑战、健康、收入与财富、独立性、爱、家庭与人际关系、道德感、欢乐、权利、安全感、自我成长和社会交往。我国学者阚雅玲将职业价值观分为如下 12 类：

① 收入与财富。工作能够明显有效地改变自己的财务状况，将薪酬作为选择工作的重要依据。工作的目的或动力主要来源于对收入和财富的追求，并以此改善生活质量，显示自己的身份和地位。

② 兴趣特长。以自己的兴趣和特长作为选择职业最重要的因素，能够扬长避短、趋利避害、择我所爱、爱我所选，可以从工作中得到乐趣、得到成就感。在很多时候，人们会拒绝做自己不喜欢、不擅长的工作。

③ 权力地位。有较高的权力欲望，希望能够影响或控制他人，使他人照着自己的意思去行动；认为有较高的权力地位会受到他人尊重，从中可以得到较强的成就感和满足感。

④ 自由独立。在工作中能有弹性，不想受太多的约束，可以充分掌握自己的时间和行动，自由度高，不想与太多人发生工作关系，既不想治人也不想治于人。

⑤ 自我成长。工作能够给予受培训和锻炼的机会，使自己的经验与阅历能够在一定的时间内得以丰富。

⑥ 自我实现。工作能够提供平台和机会，使自己的专业和能力得以全面运用和施展，实现自身价值。

⑦ 人际关系。将工作单位的人际关系看得非常重要，渴望能够在一个和谐、友好甚至被关爱的环境中工作。

⑧ 身心健康。工作能够免于危险、过度劳累，免于焦虑、紧张和恐惧，使自己的身心健康不受影响。

⑨ 环境舒适。工作环境舒适宜人。

⑩ 工作稳定。工作相对稳定，不必担心经常出现裁员和辞退现象，免于经常奔波找工作。

⑪ 社会需要。能够根据组织和社会的需要响应某一号召，为集体和社会做出贡献。

⑫ 追求新意。希望工作的内容经常变换，使工作和生活变得丰富多彩，不单调枯燥。

（3）培养正确的职业价值观。

一是处理好职业价值观与金钱的关系。金钱是一种成就的报酬，它是在确定职业价值观时首先要面对的问题。人的生存需要有金钱作为支撑，但金钱不是万能的。贪慕金钱，容易被不法分子利用，甚至误入歧途。特别是在市场经济条件下，人们更应理性地降低对金钱的期望值，把眼光放远一些，应尽可能地将自我成长和自我实现作为职业价值观的首选。

二是处理好职业价值观与个人兴趣和特长的关系。职业价值观、个人兴趣和特长是人们在择业时需要考虑的最重要的三个因素。在确定价值观时，一定要考虑它是否与自己的兴趣和特长相适应。据调查，如果一个人从事自己不喜欢的工作，有 80% 的人难以在他选择的职业上成功；而如果一个人选择了自己喜欢的工作，则可以充分调动自身潜能，获得职业发展的原动力。此外，选择一项自己擅长的工作，工作效率也会事半功倍。

三是处理好职业价值观的排序与取舍的问题。职业价值观的特性决定人们不会只有唯一的职业价值观，人性的本能也会驱使人们希望什么都能得到，但在现实生活中“鱼和熊掌是不可兼得的”。然而在职业选择中，人们却不能理性对待。既然是选择，就要付出代价，只有“舍”，才能“得”。所以要对自己的职业价值观进行排序，找出你认为最重要、次重要的方面，并提醒自己不可能什么都得到。否则就会患得患失，终其一生也不清楚自己到底想要什么，更谈不上职业生涯的成功和对社会的贡献了。

四是处理好职业价值观中个人与社会的关系。人不能离开社会而独立存在，个人只有在工作中为社会做贡献才能实现自己的职业价值。当然并不是说要忽略择业中的个人因素，只去尽社会责任，这样不但不利于个人，也是社会的损失。例如，让一个富于科学创造力、不善言辞的学者去从事普通的教师工作，可能使国家损失一项重大的发明，而社会不过多了一个也许并不出色的老师。因此，我们反对只为个人考虑、毫不考虑国家和社会需要的职业价值观。

五是处理好淡泊名利与追逐名利的关系。名利是人的欲望使然，欲望可以使人成就大的事业，也可使人自我毁灭。以合理、合法、公正、公平的方式追名逐利在一定程度上对个人、对社会都会有益，但它需要一定的度，该知足时则知足，该进取时则进取。

（二）职业知识和技能

1. 职业知识和技能的含义

职业知识是指在灵活且不断更新的各类岗位环境下工作、劳动所需要的，具有整体性、有效性，在解决问题过程中建构、融合理论知识与经验而形成的与职业相关的基本知识和理论。职业技能是指在职业环境中用以合理、有效地运用专业知识、职业价值观、道德与态度的各种能力，包括智力技能、技术和功能技能、个人技能、人际和沟通技能、组织和企业管理技能等。

2. 职业技能的分类

一般可以把员工应具备的技能划分为三种：技术的、人际关系的和解决问题的。

（1）技术技能。

许多企业提供的培训主要是针对提高员工的技术技能的。它既包括最基本的技能——阅读、写作和数学计算能力，也包括与特定职务相关的能力。随着科技的进步、商业的发展，绝大多数职位的要求与以前相比都变得更加复杂。自动化办公、电子商务、企业的供应链管理系统，这些都要求员工具备数学、阅读、计算机方面的知识。很难想象，办公室职员如果不会文字软件的处理、不会使用电子邮件系统将怎样工作。随着科技的进步，大量的高新技术被用于生产领域，很多从事技术含量低的蓝领职位的人员面临失业。作为轨道企业服务类岗位的员工，必须具备基本的写作、计算机和设备使用等方面的技能。

（2）人际关系技能。

每个员工都从属于一个组织。从某种程度上讲，员工的工作绩效取决于与其同事和老板的有效相处能力。有些员工需要改进其人际关系技能，包括如何做一个好的听众，如何同他人沟通自己的思想，如何避免冲突等。一个曾经有段时间很难与人共事的员工发现，通过一次 3 小时的小组座谈，她与同事们相互接触的方式有了很好的改善。在这次座谈会上，她和同事们开诚布公地谈了如何看待对方。她的同事们一致表示她过于傲慢，她说话的语气像是命令。她了解到这种意见后，开始努力改变自己说话的方式，终于使她和同事的关系有了很大改善，提高了所在组织的工作绩效。从这个案例可以看出，人际关系能力是每个人必须具备的能力，和谐的人际关系有助于工作软性环境的改变和工作效率的提高。轨道交通车站服务是直接与乘客接触的工作，乘客可以通过服务人员的言行举止获得对车站服务工作的总体感受，人际关系技能就显得更为重要。

（3）解决问题的技能。

现代社会中的任何工作都有工作流程，但由于各种主客观因素，任何工作都会产生一系列的问题，那些非常规的、富于变化的工作更是如此。如果员工缺乏解决问题的技能或员工解决问题的技能不尽如人意，那么，工作的效果将大打折扣。对轨道交通车站服务而言，从乘客进入轨道交通所在地后，所处的任何一个位置，都可能遇到问题，比如电梯突然停止运转、安检机突然失灵、检票闸机无法通过等，这些都需要服务人员能够及时、快速、准确地解决问题，以免给乘客造成困扰甚至危险。

3. 职业技能的培养

（1）参加职业技能培训。国家规定一些职位必须经过职业培训，获得技能等级证书后方可上岗。职业技能培训是按照国家职业分类和职业技能标准进行的规范性培训。参加国家职业技能培训可以有效提高自身的职业技能。一般而言，可以通过强化逻辑、推理和确定问题的能力，指定解决、分析问题的可行方案来达到目的。

（2）岗位培训。员工上岗后，可以通过企业内部举行的集中培训或企业师傅的带岗培训，直观、有效地进行学习，在较短时间内提高自己的工作技能。

（3）自学。在不具备企业培训的条件下，我们可以通过书本学习、咨询学习、一线调研等方式，学习间接经验和技能，不断总结，并提升自己的职业技能。

（三）职业行为

职业行为是指人们对职业劳动的认识、评价、情感和态度等心理过程的行为反映，是职业目的达成的基础。从形成意义上说，它是由人与职业环境、职业要求的相互关系决定的。职业行为包括职业创新行为、职业竞争行为、职业协作行为和职业奉献行为等方面。职业行为习惯，是职业素养的重要组成部分，也是职业素养的外在表现。

职业行为的发生都会伴随着一定的道德价值产生，职业行为体现着一定的道德关系，正因为此，才有职业行为的道德责任可言，才有必要培养从业者的职业道德责任感。职业行为的基本要求有以下四点。

1. 守　时

守时是最基本的职业行为习惯。守时，代表了对约定的重视，对时间的珍视，以及对约定时间所要做的事情的重视。守时是职业道德的基本要求，也是对自己信誉负责的表现。时间是一种最特殊、最稀有的资源，是一切财富中最宝贵的财富。古语曰：“凡百事之成也，必在敬之；其败也必在慢之。”所谓敬之，就是兢兢业业，按时完成任务；所谓慢之，就是轻慢，轻慢则往往造成拖拖拉拉，不守时间。古往今来，凡有志之士和有成就的人，都很珍惜时间。德国音乐家贝多芬说：“我的一切成功都取决于我对时间的珍惜。”列宁说：“浪费别人的时间是谋财害命，浪费自己的时间是慢性自杀。”养成守时的习惯，不仅提高办事效率，也是文明程度、道德水准的反映。美国作家爱默生说：“要以一个人对时间的重视程度，来衡量这个人。”“时间是效率、是速度、是生命、是金钱”的观念被越来越多的人接受。守时的人会把自己的生活和工作安排得井井有条，不会白白浪费自己和他人的时间。一个总迟到的人，会把他人对自己的信任一点点消磨殆尽，因为他不仅消耗了别人的时间成本，耽误了事情的进程，还让别人意识到他的随心所欲，不讲原则，缺乏契约意识，随之把他列入“不靠谱”之列。

2. 快速响应

快速响应（Quick Response，QR），是制造业中的准时制。它确定了制造商、批发商和零售商的供应时间，从而使得库存水平最小化。它是美国零售商、服装制造商以及纺织品供应商开发的整体业务概念，其目的是减少原材料到销售点的时间和整个供应链上的库存，最大限度地提高供应链管理的运作效率。快速响应现已应用到商业的各个领域，企业快速响应时间越短，越能把握更多商机，从而给企业带来越大的利润。就企业内部来讲，每个员工都是团队中的一员，对本职工作任务是否能够实现快速响应，影响到的不仅仅是本岗位的任务的完成，更是整个团队的任务的完成。如果在你这一环节没有实现快速响应，那么，必然会影响到其他工作环节的正常运转。

3. 做事有条理

做事有计划，生活有条理，这是一个人非常重要的处事习惯，甚至与他人生的成功紧密相连。其要求就是指根据事情的轻重、缓急、主次确定做事的顺序，按照计划完成工作。养成有条理的习惯，能够让人在繁杂的事物中有条不紊。没有条理性的人，会把时间浪费在找东西上面。怎样做到有条理地做事呢？一是要在分析目前人、才、物资源配置的基础上，做好清晰的规划。二是要分清主次。在工作中，我们经常会同时遇到很多事情，但人的精力是有限的，不可能同时做两件甚至几件事情，此时，可先做最重要的事，把重要的事做透、做完、做好。比如在轨道车站服务中，车站安全员正在引导乘客上车时，发现车站内的手扶梯突然出现异常情况，极有可能对乘客造成危险。这时，服务人员就应该立即报告，并停止对正在上车的乘客的安全引导工作，马上对手扶梯处的乘客进行安全疏散，引导大家到达安全的位置，避免可能的危险的发生。三是要把握好时间节奏。做好时间管理，确保工作按照计划和时间节点有序地推进，直至完成。

4. 事事有回复

事事有回复是我们在工作中必须具备的一个技巧和习惯。我们在工作中经常会遇到这种情况：领导交代你办一件事，你办完了，然后就觉得没有事了，也不给领导回复，这样做会导致领导不知道你是否按时保质地完成了你的工作，将直接影响对你工作效果的评价。正确的做法是：你办的事无论办好了，还是没办成，你都要给交代你办事的那个人回复一声情况如何。这是最基本的。如果事情办好了，你回复一声，那这件事情就有了比较好的结局；如果还没办好，存在什么问题，更要及时告诉交办人，以便及时采取其他办法把事情办好。在轨道交通车站服务中，对于领导和客户事事有回复，显得格外重要。对领导交办工作的完成情况，要及时向领导汇报，便于领导把控工作过程和结果；对客户的要求和投诉也要定期回复，让客户感觉受到重视，只有这样才能把工作做好。

任务检查

表 1-2　城市轨道交通车站服务人员职业素养认知——任务检查单

任务编号	1-2	任务名称	城市轨道交通车站服务人员职业素养认知
序号	检查内容	是	否
1	职业素养是我们从事任何职业都需要的基本素质		
2	职业道德是任何人在工作中都必须遵守的行为准则		
3	我们应该正确地看待自己所从事的职业，认识到自己所从事职业的价值		
4	良好的职业态度是在工作中形成的，不需要我们自己去培养		
5	我们找工作时，是否只看重工资		

任务训练

1. 职业素养包括（　　）。
   A. 职业道德　B. 职业技能　C. 职业态度　D. 职业作风
2. 下列属于职业道德的是（　　）。
   A. 爱岗敬业　B. 实事求是　C. 依法行事　D. 服务社会
3. 积极的职业心态包括（　　）。
   A. 开悟的精神　B. 相信自己　C. 抗压　D. 热爱生活
4. 人类的价值观包括（　　）。
   A. 成就感　B. 健康　C. 爱　D. 道德感
5. 职业技能包括（　　）。
   A. 技术技能　B. 人际关系技能
   C. 解决问题的技能　D. 知识技能

任务拓展

1. 简述我们如何培养正确的职业价值观。
2. 如何在岗位上提高自己的职业技能？
3. 职业行为的基本要求有哪些？

服务礼仪拓展视频 1

项目二

城市轨道交通车站常用服务礼仪认知与操作

任务一　城市轨道交通车站服务礼仪认知

任务描述

中国是人类文明的发祥地之一，中华文化源远流长，在中华民族的发展历程中，礼仪的作用和影响非常深远。重礼、守礼、讲礼、遵礼，已经逐渐成为我国人民的一种自觉意识，贯穿于社会交往的各个方面。

当今，随着城市化的快速发展，交通拥堵问题已成为城市建设中必须解决的难题。轨道交通因具有快捷、舒适等其他交通方式无法比拟的优越性，而成为城市交通发展新的热点和重点。城市轨道交通行业正处在大发展、大建设时期，目前，我国已成为世界上城市轨道交通发展速度最快的国家，建设线路和规划线路的规模都十分可观。在此种形势下，轨道交通服务礼仪也自然应当被轨道交通服务人员普遍应用。学礼、知礼、用礼已经成为城市轨道交通服务人员提供优质服务的必要保证。

任务目标

- 掌握礼仪的基本概念和特征。
- 掌握礼仪的基本内容。
- 了解城市轨道交通服务礼仪的作用。
- 会使用基本礼仪。

任务学习

一、礼仪基本知识

（一）礼仪的概念

礼仪指按照一定的社会道德观念和风俗习惯，表达人们礼节、动作、容貌、举止的行为准则或规范。它是一种程序，有一定的套路，表现为一定的章法。只有遵守这些准则和规范，才能适应社会的发展。

礼仪是在一定社会关系中人们约定俗成、共同认可的行为规范。它最初表现为一些零散的规矩和习惯，随着社会的发展才逐渐上升为被大众认可的，可以用语言、文字、动作进行准确描述和规定的行为准则，并成为人们有章可循，可以自觉学习和遵守的行为规范。

礼仪是一种情感互动的过程。在礼仪的实施过程中，既有施礼者的主动行为，也有受礼者的反馈行为，实现了双方情感的互动。

礼仪的目的是实现社会交往各方面的互相尊重，从而达到人与人之间关系的和谐。在现代社会中，礼仪体现了一个人对他人和社会的认知水平、尊重程度，是一个人学识、修养和价值的外在表现。

（二）礼仪的内容

随着历史的发展和社会的进步，以及人类文明程度的不断提高，礼仪所涵盖的内容也在不断地发展和变化。现代礼仪主要包括如下方面的内容。

1. 礼　节

礼节是人们在交际过程中逐渐形成的约定俗成的和惯用的各种行为规范的总和。礼节是社会外在文明的组成部分，具有严格的礼仪性质。它反映了一定道德原则的内容，反映了对人对己的尊重，是人们心灵美的外化。在阶级社会中，不同阶级的人在利益上的根本冲突使得礼节多流于形式。在现代社会中，由于人与人之间地位平等，因此礼节从形式到内容都体现出人与人之间的相互平等、相互尊重和相互关心。当今世界是个多元化的世界，不同国家、不同民族、不同地区的人们在各自的生存环境中形成了各自不同的价值观、世界观和风俗习惯，其礼节从形式到内容都不尽相同。

现代礼节主要包括介绍的礼节、握手的礼节（图 2-1）、打招呼的礼节、鞠躬的礼节、拥抱的礼节、亲吻的礼节、举手的礼节、脱帽的礼节、致意的礼节、作揖的礼节、使用名片的礼节、打电话的礼节、约会的礼节、聚会的礼节、舞会的礼节、宴会的礼节等。

图 2-1　握手礼

2．礼　貌

礼貌是指人们在社会交往过程中良好的言谈和行为。礼貌是个体道德品质修养中最直接、最简单的体现，也是人类文明行为的最基本的要求。在现代社会中，使用礼貌用语、语气和蔼、行为得体、尊重他人已成为人们日常的行为规范。

礼貌主要包括口头语言的礼貌、书面语言的礼貌、态度的礼貌、行为举止的礼貌等。口头语言的礼貌主要表现为在日常生活、工作、学习中，个体在相互的口头语言交流中体现出来的规范，比如“请进”“请往这边走”等。书面语言的礼貌主要体现为个体撰写公文、信件及其他文稿中所表现出的文明礼节。态度的礼貌主要体现为个体对人、对事所表现出的有礼有节、不卑不亢的态度。行为举止的礼貌主要体现为个体尊重社会公德和社会习俗、有效规范自己行为方面的表现。

3．礼　俗

我们常把民俗礼仪称为礼俗，它泛指不同文化、不同地域的风俗习惯，是礼仪的一种特殊形式。礼俗普及于社会和群体之中，是人们在一定的环境中，在长期的认知和行为习惯中形成的，具有典型的文化、地域特色。如婚姻礼俗（图 2-2、2-3）、丧葬礼俗、接客待物的礼俗等。

图 2-2　中国婚礼

图 2-3　西方婚礼

4．仪　表

仪表是指人的外表，包括仪容、服饰、体态等。仪表属于美的外在因素，反映人的精神状态。仪表美是一个人心灵美与外在美的和谐统一，美好纯正的仪表来自高尚的道德品质，它和人的精神境界融为一体。端庄的仪表既是对他人的一种尊重，也是自尊、自重、自爱的一种表现。如图 2-4 所示。

图 2-4　规范的仪表

5. 仪　式

仪式是指行礼的具体过程或程序，它是礼仪的具体表现形式。仪式是一种比较正规、隆重的礼仪形式。人们在社会交往过程中或在组织开展各项专题活动的过程中，常常要举办各种仪式，以体现出对某人或某事的重视。仪式往往具有程序化的特点，这种程序有些是约定俗成的。在现代礼仪中，仪式中的有些程序是必要的，有些则是可以简化的。因此，仪式也呈现出越来越简化的趋势。但是，有些仪式的程序是不可省略的，否则就是非礼。

常见的仪式主要包括开业仪式、开幕仪式（图 2-5）、闭幕仪式、颁奖仪式、欢迎仪式、升旗仪式、入场仪式、颁奖仪式、宣誓仪式（图 2-6）、交接仪式、捐赠仪式等。

图 2-5　开幕式

图 2-6　入团宣誓

（三）礼仪的特征

1. 文明性

礼仪是人类文明的结晶，是现代文明的重要构成部分。文明的宗旨是尊重，既包括对他人的尊重也包括对自己的尊重，这种尊重总是同人们的生活方式有机地、自然地融合到一起，成为人们日常生活、工作中的行为规范。这种行为规范包含个人的文明素养，如待人接物热情周到、有礼有节，人们在交往中彼此尊重、和谐相处，这些都体现了人们日常生活中的文明。总之，礼仪是人们内心文明与外表文明的综合表现。

2. 共通性

礼仪是一门专门研究人的交往行为规范的科学，是同一社会中全体成员调节相互关系的行为规范。礼仪随着社会生产、生存环境和生活形态的变化而不断得到充实和完善，逐渐成为社会各阶层共同遵守的行为准则。在现实生活中，每个人都必须参加交际活动，而礼仪正是一门将交际活动导向成功的科学。每个国家或地区、每个民族的礼仪，既有自身的特征，也有着相通的共性，即要求人们在一切交际场合的言谈话语、行为举止必须符合礼仪。例如，待人接物要讲究礼貌、热情、诚恳、友好等。

3. 民族性

由于各民族在习俗、生活习惯、地理环境、交通条件及文化修养等方面各不相同，因此它们在礼仪上的表现也具有一定的差异性。各民族的习俗礼仪凝结着本民族本地区人民的文化情结，因此各族人民都会严格遵循，苦心维护。这就要求人们在社会活动中相互学习、相互尊重、求同存异、入乡随俗。与我国的现代礼仪相比，国际礼仪最大的不同是其主要起源于西方，受西方文化的影响较深。例如，在人们常见的国际交往礼仪中，仅见面礼节就有握手礼、点头礼、亲吻礼、鞠躬礼、合十礼、拱手礼、脱帽礼、问候礼等。又如，同一种礼仪所表达的方式和内容，在不同的国家或地区可能就会不同，甚至截然相反。礼仪可谓多种多样，纷繁复杂。

4. 特定性

礼仪主要适用于交际场合，适用于普通情况之下的一般的人际交往与应酬。离开了这个特定的范围，礼仪则未必适用。礼仪不是放之四海而皆准的东西，当所处场合不同、所具有的身份不同时，所要应用的礼仪往往也会不同，有时甚至差异很大。

5. 传承性

礼仪是一个国家、一个民族传统文化的重要组成部分，其发展与沿用从来就没有间断过。它是历史的产物，每个时代都能反映其发展面貌，既有精华也有糟粕。现代礼仪必须要从传统的礼仪精神遗产中批判地继承，在继承我国古代民族特色礼仪的精华的同时，注意汲取外国礼仪的合理部分，特别是注意汲取目前通行的当代国际礼仪的一切长处。

6. 发展性

礼仪不是永远不变的，它是随着时代的发展而与时俱进的，时代越进步，对礼仪的要求就越严格、越完善。目前，礼仪已经渗透到人类社会生活中的各个层面，反映着市场经济时代的政治、经济、文化、道德等各方面的面貌，如等级的礼宾待遇、科技与道德、礼仪价值体现等。随着世界经济全球化、一体化的发展，各个国家、各个地区和各个民族之间的交往日益密切，它们之间的礼仪也会不断地相互影响、相互渗透，并被赋予新的内容。

7. 规范性

礼仪是人们在交际场合中待人接物时必须遵守的行为规范。它约束着人们在不同交际场合的言谈举止和行为规范，是人们在一切交际场合必须采用的准则，也是衡量他人、评价自我的一种标准。

二、服务礼仪

（一）服务礼仪的概念

服务礼仪作为礼仪的一种，指在各种服务工作中形成的，得到共同认可的礼节和仪式，它是服务人员在服务过程中恰当表示对服务对象的尊重和与服务对象进行良好沟通的技巧和方法。

（二）服务礼仪的内涵

1. 服务礼仪是服务工作的规范或准则，它表现为一定的章法

所谓“入乡随俗，入境问禁”，即在进入某一地域之前，应先对该地域的习俗和行为规范有所了解，并按照这样的习俗和规范去行事。

2. 服务礼仪是人们在社会实践中约定俗成的行为规范

在社会实践中，礼仪往往首先表现为一些不成文的规矩、习惯，然后才逐渐上升为公众认可的，可以用语言、文字、动作来做准确描述和规定的行为准则，并成为人们有章可循、可以自觉学习和遵守的行为规范。

3. 服务礼仪是一种和谐的人际关系

讲究礼仪的目的是实现社会交往各方的互相尊重，从而达到人与人之间关系的和谐。在现代社会，礼仪可以有效地展现施礼者和受礼者的教养、风度与魅力，它体现着一个人对他人和社会的认知水平、尊重程度，是一个人的学识、修养和价值的外在表现。一个人只有在尊重他人的前提下，才会被他人尊重。人与人之间的和谐关系，也只有在这种互相尊重的过程中才会逐步建立起来。

（三）服务礼仪注意事项

服务礼仪是从事服务行业职工所必须掌握的一种礼仪。服务人员一旦学习并掌握了服务礼仪，就必须在实践中将其融会贯通，才能取得良好的工作效果。我们在服务工作中使用礼仪时，应注意以下三点。

1. 要秉承一定的职业道德

职业道德，就是同人们的职业活动紧密联系的符合职业特点所要求的道德标准、道德情操与道德品质的总和，它既是对本职人员在职业活动中行为的要求，又是职业对社会所负的道德责任与义务。作为轨道从业人员，我们在为乘客提供优质服务时，必须秉承和坚持相应的职业道德，做到处理问题不卑不亢、有礼有节，才能维护乘客和自己双方的权益。

2. 要符合一定的角色定位

每个人在日常的工作和生活中都会扮演不同的角色，并且会不断转换，所以在某一特定情况下，必须准确地确定应该扮演的角色，有一明确的目标定位，以此来约束和指导自己的行为，这就是通常所讲的角色定位。我们一旦走上自己的工作岗位，就需要立即转换自己的角色，用工作标准和岗位要求来规范自己的言行，提高自己服务工作的效果。

3. 要注重双向沟通

双向沟通作为沟通的一种，与单向沟通相对，它是指信息的发送者和接收者的位置不断变换，信息可以在发送者和接收者之间互相传播的沟通类型。在双向沟通的过程中，信息发送者是以协商和讨论的姿态面对信息接收者，信息发出后还需及时听取反馈意见，必要时双方可进行多次重复商谈（如交谈、协商等），直到双方共同明确和满意为止。双向沟通的优点是沟通信息准确性较高，接收者有反馈意见的机会，产生平等感和参与感，增加自信心和责任心，有助于双方建立感情。服务行业要做好双向沟通，需要做到以下五点：一是要掌握沟通的及时性。信息的作用是有限的，沟通要及时才能发现问题，快速地解决问题，沟通本身才是有效的。二是要运用多种形式的沟通。我们的沟通方式需要因人而异，这样才能取得更好的效果。三是沟通的过程要目的明确、程序明确。要明确告知对方交流的目的，沟通的流程要有序可控。四是要掌握气氛设置技巧，防止冲突。只有双方都主动、自愿地加入双向沟通的过程，这个过程才会发挥作用。五是要学会倾听，并对对方的信息给予积极的反馈。只有倾听才能了解情况，但只听是不够的，还需要给予对方积极的反馈，才能推动沟通有效进行并达到目标。

三、城市轨道交通服务礼仪

（一）城市轨道交通服务礼仪的概念

城市轨道交通服务礼仪是指在城市轨道交通服务过程中得到共同认可的礼节和仪式，它是车站服务人员在服务过程中恰当表示对乘客的尊重和与之进行良好沟通的技巧和方法。城市轨道交通服务礼仪是礼仪在轨道交通服务行业中的具体运用，是礼仪的一种特殊形式，是体现服务的具体过程和手段，能够使无形的服务有形化、规范化、系统化。简单地说，城市轨道交通服务礼仪就是轨道交通服务人员在工作场合适用的礼仪规范和工作艺术。

（二）城市轨道交通服务礼仪的作用

1. 区域、城市的形象窗口

大力发展城市轨道交通是解决都市交通拥堵的重要举措。近些年来，中国已有多个城市兴建了自己的轨道交通项目。乘客有了乘坐多种交通工具的选择权，可以结合自身需要，乘坐地铁、轻轨等交通工具。作为轨道交通服务行业，城市轨道交通人员在服务过程中时刻代表着区域、城市的形象，乘客对服务的评价直接影响到乘客对该区域或城市的印象。所以，城市轨道交通服务礼仪显得格外重要。

2. 提高企业的吸引力与竞争力

城市轨道交通运营行业主要是为乘客提供地铁、轻轨等运输服务的行业，也是工作人员会直接面对面接触服务对象的行业。这就要求轨道行业从业人员必须具备良好的服务意识和形象，才能提升乘客对企业的评价，从而提高企业的吸引力和竞争力。良好的服务礼仪不仅代表着企业的形象，而且会有效提高企业的吸引力，最终提高企业在行业内的竞争力。

3. 为企业创造更多的经济效益和社会效益

随着服务业的迅猛发展，服务业在国民经济中的地位越来越重要。企业之间的竞争再也不是有形产品之间的竞争，更多的是无形服务之间的竞争，企业已经意识到良好的服务可以给企业带来可观的经济效益。与此同时，服务礼仪的意义绝不仅仅局限于经济层面，它已渗透到社会生活的各个层面，社会文明的发展和民主的进步呼唤着服务礼仪的完善。服务礼仪可以给一个企业带来更多的社会效益，它会使社会更和谐、世界更美好。

4. 提升企业形象，提高乘客满意度

在轨道车站服务中，应用好服务礼仪能够提高乘客满意度，减少投诉的发生。城市轨道交通客运服务人员每天要面对成千上万个不同年龄、不同性别、不同性格和不同文化背景的乘客，每天都要与陌生人沟通。面对同样的问题，有些服务人员无法平息乘客的怒气，有些服务人员却能三言两语把问题处理得很妥当，这就是服务礼仪的魅力。

5. 提高服务人员的服务质量

服务质量反映的是服务人员服务工作的好坏与服务水平的高低。服务质量主要由服务态度与服务技能两大要素构成。在一般情况下，乘客对服务态度的重视程度，往往会高于对服务技能的重视程度。服务礼仪有助于提高轨道交通服务人员的服务意识和服务质量，它不仅能使服务交往变得顺利，让服务对象感到轻松和愉快，而且还能使服务人员通过养成良好的服务意识对服务对象的需求做出适时的反应，从而让服务对象满意。城市轨道交通服务礼仪作为轨道服务人员的行为规范，为服务人员在服务过程中使自身的行为符合服务对象的要求提供了保障，也有助于服务人员个人素质的提高。

（三）城市轨道交通服务礼仪的基本原则

作为一种约定俗成的行为规范，礼仪有其自身的规律性，即礼仪的原则。在学习、运用礼仪时，我们要掌握以下原则。

1. 尊重的原则

尊敬他人，既是人际交往获得成功的重要保证，又是礼仪的核心。敬人的原则，

就是人们在社会交往中，应将对交往对象的恭敬与重视放在首位，切勿伤害对方的自尊心，更不能侮辱对方的人格。在人际交往中，只有人与人之间彼此尊重，才能保持和谐愉快的人际关系。只要不失敬人之意，哪怕具体做法一时失当，也不能算是失礼。

2. 遵守的原则

礼仪规范是为维护社会生活稳定而形成并存在的，实际上它反映了人们的共同利益和要求。社会中的每个成员都必须自觉、自愿地遵守执行礼仪，用礼仪去规范自己在交往活动中的言行举止。如果违背了礼仪规范，就会受到社会舆论的谴责，交际也会失败。

3. 自律的原则

自律就是要克己、慎重，也就是要求人们自身建立良好的道德信念和行为准则，积极主动、自觉自愿、表里如一、自我对照、自我反省、自我要求、自我检点、自我约束、自我控制，不允许妄自菲薄、自轻自贱；也不能人前人后不一样，生人熟人面前不相同。通过礼仪教育与训练，使人们在与他人的交往中自觉按礼仪规范去做，而无须别人的提示或监督。

4. 真诚的原则

真诚就是要求人们在人际交往中运用礼仪时，必须诚心诚意、待人以诚、诚实无欺、言行一致。由于国情、民族、文化背景的不同，人们必须做到入乡随俗，与绝大多数人的习惯做法保持一致，切勿目中无人、自以为是。不允许人们在运用礼仪时逢场作戏、言行不一、口是心非、投机取巧、作假骗人。

5. 平等的原则

平等是礼仪的核心，即尊重交往对象、以礼相待，要求对任何交往对象都必须一视同仁，给予同等程度的礼遇。在具体运用礼仪时，允许因人而异，根据不同的交往对象采用不同的方法。不允许因为交往对象在年龄、性别、种族、文化、职业、身份、地位、财富及与自己的关系亲疏远近等方面有所不同，就厚此薄彼，区别对待，给予不同的待遇。

6. 宽容的原则

宽容就是要求人们在交际活动中运用礼仪时，既要严于律己，更要宽以待人。人们要多容忍他人，多体谅他人，多理解他人，而千万不要求全责备、斤斤计较、过分苛求、咄咄逼人。在人际交往中，要允许其他人有个人行动和独立进行自我判断的自由。对不同于己、不同于众的行为要耐心容忍，不必要求其他人处处效法自己，与自己完全保持一致，这实际上也是尊重对方的一个主要表现。

7.“乘客至上”的原则

轨道交通运营企业是从事客运的服务行业，其生产效能是满足人们的出行需要，具有鲜明的社会服务特点。轨道交通运营企业的运送对象是乘客，摆正自己与服务对象的关系位置，确立“服务为本，乘客至上”的道德意识，讲求服务信誉，千方百计维护乘客利益，全心全意为乘客服务，是轨道交通职业道德的核心。

任务检查

表 2-1　城市轨道交通车站服务礼仪认知——任务检查单

任务编号	2-1	任务名称	城市轨道交通车站服务礼仪认知
序号	检查内容	是	否
1	服务是为满足被服务方的需要而提供相应满意活动的过程		
2	服务的特征只有无形性		
3	服务礼仪是服务工作的规范或准则，它表现的不一定有章法		
4	提高自身修养，改善人际关系是城市轨道交通服务礼仪的作用		
5	服务礼仪有自身的规律性		

任务训练

1. 下列属于城市轨道交通服务礼仪的作用是（　　）。
   A. 提升企业形象，提高乘客满意度　　B. 严以律己、宽以待人
   C. 带来良好的首应效应　　D. 服务为本、乘客至上
2. （　　）是表现对他人的尊重和理解的过程和方式。
   A. 礼仪　　B. 服务
   C. 沟通　　D. 尊敬
3. 工作规范、行为规范和（　　）是服务礼仪的内涵。
   A. 人际关系　　B. 服务质量
   C. 亲和力　　D. 真诚主动
4. 不可存储性、无形性属于服务礼仪的（　　）。
   A. 作用　　B. 特征
   C. 原则　　D. 内涵

5. 在服务行业我们应当确立（　　）的道德意识。

A. 乘客至上　　B. 微笑服务

C. 提升形象　　D. 利益为本

任务拓展

1. 简述礼仪的特征。
2. 简述服务礼仪的注意事项。
3. 简述城市轨道交通服务礼仪的作用。
4. 简述城市轨道交通服务礼仪的基本原则。

任务二　轨道交通车站服务人员仪容仪表认知与操作

任务描述

仪容即容貌，由发型、面容及人体所有未被服饰遮掩的肌肤所构成，是个人仪表的基本要素。真正意义上的仪容美，应当是自然美、修饰美和内在美的高度统一。一个人外表整洁卫生、着装得体，会给人以舒服的感觉，并能反映出一个人的精神面貌，折射出一个人的风采。作为轨道站务服务人员，需要学习仪容仪表基础知识，并能将所学运用到实际工作中，做到容貌整洁、举止端正、自然大方，给乘客如沐春风之感。

任务目标

- 了解服务人员仪容仪表的基本要求。

- 掌握修饰服务人员仪容仪表的基本原则。
- 掌握化淡妆的基础程序和步骤。

任务学习

女人化妆有着悠久的历史。在大英博物馆里珍藏着一个化妆盒，该化妆盒里有象牙梳、火山石、用来盛化妆品的小罐、润肤膏等。经考证，这个化妆盒属于1400年前古埃及的一位女性。清朝李笠翁的《闲情偶寄·修容卷》开篇即说：“妇人惟仙姿国色，无俟修容，稍去天工者，即不能免于人力矣。”仙姿国色者毕竟是屈指可数，大多数女人恐怕都要借化妆这种外力来实现自己对美的追求。“爱美之心，人皆有之。”“三分人才，七分打扮。”有人认为，装扮自己既是一种自我美丽，也是一种对别人的尊重。但也有人反对这种违背本色、靠化妆品展现出来的“假我”的做法。

人们的仪表在生活中显得非常重要，它反映出一个人的精神状态和礼仪素养，是人们交往中的“第一形象”。天生丽质、风仪秀整的人毕竟是少数，大多数人都要通过化妆修饰、发式造型、着装配饰等手段，弥补和掩盖容貌、形体等方面的不足，并在视觉上把自身较美的方面展露、衬托和强调出来，使自己的形象得以美化。

轨道车站服务作为服务行业，直接与服务对象——乘客接触，良好的仪容仪表对于改善服务关系、提高服务质量有着直接的作用。

一、服务人员仪容仪表的基本要求

（一）干　净

仪容包括头发、脸庞、五官、手等，是被人第一眼看见的自身面貌。一个人即使天生丽质，如果在某个时刻被发现手指肮脏、体味难闻、装束怪异，也一定不会被大众接受。无论经济条件如何，讲卫生、爱整洁都是人保持自尊的一种表现。

面容洁净、清爽会使人看起来感觉亲切和精神十足。男士应养成每日剃须修面的好习惯，也应经常检查鼻毛，不要外露；女士不但要经常检查面部，还要检查四肢或腋下不雅的毛发，及时予以去除。

牙齿是口腔的门面，开怀大笑时露出发黄或发黑的牙齿，会使动人的笑容大打折扣。牙齿上不要留有牙垢，饭后漱口是保证口腔清洁与健康的好方法。此外，保持口气清新也很重要。

眼睛被称为心灵的窗户，所以眼睛一定要保持清亮，眼角一定要洗干净。

耳朵虽然在镜子里出现的次数很少，但保持其干净、不藏污纳垢也非常重要。

人体的皮肤上有 330 多万个汗腺，平均每平方厘米有 9 万多个。因此，每个人都有或浓或淡的体味。如果体味过于明显，就应该有所遮掩。勤洗澡或使用去除体味的物品是非常必要的。

（二）整　洁

整洁，即整齐、洁净、清爽。要使仪容整洁，重在持之以恒，这一条与自我形象的优劣关系极大。

整洁的要求是穿着整齐、洁净卫生、梳妆大方。在穿着上，有工作服的应该统一着装，没有工作服的要以样式大方、色调和谐、尺寸合体、富有个性为美，并注意勤洗勤换、保持清洁；在梳妆上，既要美丽庄重，又要利于简便梳理；在卫生上，要勤洗澡、勤换衣、勤理发、勤剪指甲，不随地吐痰，上班前不酗酒，不吃生葱、生蒜等带异味的食品，并要注意搞好环境卫生。

（三）简洁大方

一个人的仪容仪表不仅代表着个人的形象气质，更代表着工作单位的形象。对仪容仪表的整体要求是仪容大方、仪表端庄、衣着整洁、精神饱满。因为仪容庄重大方、斯文雅气，不仅会给人以美感，而且容易赢得他人的信任。

仪表美分为自然美和修饰美。服务人员在修饰过程中不必太过复杂和奢华，应当以简洁大方为主，做最适合自己、恰到好处的修饰，要恰到好处。在工作过程中，服务人员的仪表美会给人以落落大方、干练利落的感觉，图 2-7 所示的服务人员化淡妆、着职业装的形象是我们所提倡的。

图 2-7　化淡妆、着职业装的服务人员

二、服务人员仪容仪表修饰的基本原则

（一）仪容修饰应遵循的原则

1. 自　然

自然美是美化仪容的最高境界。某位化妆师曾说过：“最高明的化妆术，是经过非常考究的化妆，让人看起来好像没有化过妆一样，并且这化出来的妆与主人的身份匹配，能自然地表现那个人的个性与气质。”初级的化妆是把人凸现出来，让她醒目，引起众人的注意。拙劣的化妆是一站出来别人就发现她化了很浓的妆，而这层妆是为了掩盖自己的缺点和年龄的。印象最坏的一种化妆是，化过妆以后扭曲了自己的个性，失去了五官的协调。例如，小眼睛的人画了浓眉，脸大的人画了白脸，阔嘴的人画了红唇。可见，化妆的最高境界是“无妆”，是自然。

2. 美　观

美观就是通过仪容的修饰使自己变得更加美丽、端庄，给别人留下美丽的同时也愉悦自己的身心。

3. 协　调

（1）妆面协调。妆面色彩搭配，浓淡相宜。

（2）全身协调。脸部、发型与服饰协调。

（3）角色协调。在社交中扮演不同的角色时，妆容应不同，如职业人员应端庄稳重、公关人员应青春妩媚。

（4）场合协调。场合不同，妆容不同。

（二）仪表修饰应遵循的原则

1. 适体性原则

适体性原则要求仪表修饰与个体自身的性别、年龄、容貌、肤色、身材、体形、个性、气质及职业身份等相适宜和相协调。

2. 时间、地点、场合原则

时间（Time）、地点（Place）、场合（Occasion）原则简称 TPO 原则，即要求仪表修饰因时间、地点、场合的变化而相应变化，使仪表与时间、环境氛围、特定场合相协调。

3. 整体性原则

整体性原则要求仪表修饰先着眼于人的整体，再考虑各个局部的修饰，使修饰与人自身的诸多因素之间协调一致、浑然一体，营造出整体的风采。

4．适度性原则

适度性原则要求仪表修饰无论在修饰程度还是在饰品数量和修饰技巧上，都应把握分寸，自然适度，追求虽刻意雕琢而又不露痕迹的效果。

三、仪容仪表修饰的要求

（一）头　发

头发是人体的制高点，很能吸引他人的注意，所以完美的形象应从头开始。

1．梳洗干净

保持头发整洁有助于保养头发、消除异味、清除异物。若是对头发懒于梳洗，弄得自己蓬头垢面，满头汗馊、油味，发屑随处可见，会损坏个人形象。

（1）清洗头发。头发要定期清洗。一般认为，每周至少应当清洗头发两到三次。

（2）修剪头发。头发的修剪同样需要定期进行。在正常情况下，男士通常应当每半个月左右修剪一次头发。女士可根据自己的情况而定，但至少一个月需要修剪一次。

（3）梳理头发。梳理头发是每天必做之事，而且往往应当不止一次。凡有必要时都要进行梳理。

如有重要的交际应酬，则应于事前再认真进行一次洗发、理发和梳发，而不必拘泥于以上时限。但切记，此类活动应在幕后进行。

2．长短适度

头发的长短要考虑以下因素：

（1）性别因素。男女有别，在头发的具体长度上有所体现。一般认为，女士可以留短发，但很少理光头；男士的头发可以稍长，但不宜长发披肩、梳辫挽髻。无论男女在头发的长度上可以中性化一点，但不应超过极限。

（2）身高因素。头发的长度与身高成正比。头发的长度在一定程度上与个人身高有关。以女士留长发为例，头发的长度就应与身高成正比。下面就不同身材的女士应修剪的头发长度进行说明。

① 短小身材的发型。身材短小的女士会给人以小巧玲珑的印象，所以其发型应强调丰满与魅力，从整体比例上看，应注意长度印象的建立，不宜留长发，也不宜把头发搞得粗犷、蓬松，可利用盘发增加高度，而且要在如何使头发秀气、精致上下功夫。

② 高瘦身材的发型。高瘦是比较理想的身材，但容易给人以眉目不清的感觉，或者缺乏丰满感。因此，在选择发型时，应尽量弥补这些不足。这种身材的人适合留长发，不宜盘高发髻，也不宜将头发削剪得太短。

③ 矮胖身材的发型。身材矮胖的人要尽可能弥补自身的缺点，在发型的设计上

要强调整体发势向上，可选用有层次的短发、前额翻翘式等发型，不宜留长波浪、长直发。

（3）年龄因素。头发的长度受人的年龄影响。例如，一头飘逸披肩的秀发与少女相得益彰，犹如青春的护照；若一位年逾 70 岁的老奶奶头发及肩，则会令人哗然。

（4）职业因素。不同职业要求不同的头发长度。轨道交通服务人员应根据自己的职业特点选择头发的长短。图 2-8 所示为较标准的发型图。

图 2-8　较标准的发型图

3. 发型的选择要得体

发型是构成仪容美的重要内容。美观的发型能给人一种整洁、庄重、洒脱、文雅、活泼的感觉。我们应根据自己的发质、服装、身材、脸型等选择合适的发型，以扬长避短，达到和谐统一，增加人的整体美。

（1）发型要与发质相协调。发质细软的人不宜留过长的直发，可选择中长发或俏丽的短发，还可以选择蓬松感的卷发。发质较硬的人不宜选择太短的发型，宜采用肩以上的短发或肩以下的长发。

（2）发型要与服饰相协调。在工作场合，女性身着套装，可将头发挽在颈后，低发髻显得端庄、干练。在运动场上，着运动服时，可将头发扎成高高束起的马尾，显得青春、活泼和潇洒。在晚会或宴会上着晚礼服时，梳成晚装发髻，方显高雅、华丽的气质。

（二）脸　部

仪容在很大程度上指的是人的面容。由此可见，面容修饰在仪容修饰中的作用举足轻重。修饰面容时，首先要做到面必洁，即要勤于洗脸，使之干净清爽，无汗渍、无油污、无泪痕、无其他任何不洁之物。每天仅在早上起床后洗一次脸是远远不够的，在午休后、用餐后、出汗后、劳动后、外出后，都需要即刻洗脸。修饰面容，具体到各个不同的部位，还有一些不尽相同的规定。

1. 眼　睛

眼睛是人际交往中被他人注视最多的地方，自然也是修饰面容时的首要之处。眼睛被人们称作心灵的窗户，人们灵魂深处的东西都可以从这个窗户中折射出来。

（1）保洁。保洁主要指眼部分泌物的及时清除。对于这一点，应随时注意。另外，若眼睛患有传染病，应自觉回避社交活动。

（2）修眉。如果感到自己的眉形或眉毛不雅观，可进行必要的修饰。但不提倡文眉，更不要剃去所有眉毛，刻意标新立异。

（3）眼镜。眼镜的选择要满足美观、舒适、方便、安全的要求，而且还应保持其洁净。

2. 鼻　子

平时，应注意保持鼻腔清洁，不要让异物堵塞鼻孔，或让鼻涕流淌；不要随处吸鼻子、擤鼻涕，更不要在他人面前挖鼻孔。参加社交应酬之前，勿忘检查鼻毛是否长出鼻孔之外，一旦出现这种情况，应及时进行修剪。

3. 胡　须

唇间长有胡须，是男士的生理特点。男士若无特殊宗教信仰和民族习惯，最好不要蓄须，并应经常及时地剃去胡须。若女士因内分泌失调而长出类似胡须的汗毛，则应及时治疗，并予以清除。

4. 脖　颈

脖颈与头部相连，属于面容的自然延伸部分。修饰脖颈，一是要防止其皮肤过早老化，与面容产生较大反差；二是要经常保持其清洁卫生，不要只顾脸面，不顾其他，若脸上干干净净，脖子上尤其是脖后藏污纳垢，将与脸部反差过大，影响仪容。

（三）口　腔

1. 口腔护理

不洁的牙齿被认为是交际的障碍。牙齿洁白、口腔无味是修饰上的基本要求，要做到这一点：一是要每天刷牙，做到“三个三”，即三餐刷，饭后 3 分钟内刷，每次不低于 3 分钟；二是要经常用爽口液、洗牙等方式保护牙齿，少抽烟，少喝酒。

2. 禁止异响

礼仪规定，人体内发出的所有声音，如咳嗽、哈欠、喷嚏、吐痰、清嗓、吸鼻、打嗝等统称为异响，在社交场合禁止出现。禁止异响重在自律，不必强求于人，如他人在大庭广众之下不慎制造了异响，最明智的做法就是视而不见、置若罔闻。若本人不慎制造了异响，最好及时承认，并向身边的人道歉，不要装作若无其事。

（四）耳　朵

在洗澡、洗头、洗脸时，不要忘记清洗耳朵。必要时，还须清除耳孔之中不洁的分泌物。但不能在他人面前这么做。有些人，特别是一些上了年纪的人，耳毛长得较快，甚至还会长出耳孔之外。必要时，应对耳毛进行修剪。

（五）手臂和腿部

1. 手臂的修饰

在正常情况下，手臂是人际交往中动作最多的一个部分，而且其动作往往被附加了多种多样的含义。修饰手臂的问题，可以分为手掌、肩臂与汗毛三个方面。

（1）手掌。在日常生活里，手是接触其他人、其他物体最多的部位，出于清洁、卫生、健康的角度考虑，手更应当勤于清洗。手指甲应定期修剪，尽量不要留长指甲，它不仅毫无实用价值，而且不美观、不卫生、不方便。修剪手指甲，应令其不超过手指指尖为宜。指甲外形不美时，也可进行修饰。有时，在手指甲周围会产生死皮。若发现死皮，应立即将其修剪掉。服务人员不应涂艳丽的指甲油。

（2）肩臂。修饰肩臂，最重要的一条就是着装时肩臂的露与不露，应依照具体所处场合而定。在非常正式的政务、商务、学术、外交活动中，人们的手臂，尤其是肩部，不应当裸露在衣服之外。也就是说，在这些场合，不宜穿着半袖装或无袖装。

（3）汗毛。因个人生理条件的不同，有个别人手臂上汗毛生长得过浓、过重或过长，特别有碍观瞻的，最好是采用适当的方法进行脱毛。

2. 腿部的修饰

修饰腿部，应当注意的问题有三个，即脚部、腿部和汗毛。

（1）脚部。服务人员在正式场合不允许光脚穿鞋。它既不美观，又有可能被人误会。在正常情况下，应注意保持脚部的卫生。鞋子、袜子要勤洗勤换，要每天洗脚。脚趾趾甲要勤于修剪，去除死趾甲，不应任其藏污纳垢，或长于脚趾趾尖。

（2）腿部。在正式场合，不允许男士的着装暴露腿部，也就是说不允许男士穿短裤。女士可以穿长裤、裙子，但不得穿短裤，或暴露大部分大腿的超短裙。在正式场合，女士的裙长应过膝部以下。女士在正式场合穿裙子时，不允许光着腿不穿袜子。

（3）汗毛。男士成年以后，腿部汗毛大都过重，所以在正式场合下不允许穿短裤，或卷起裤管。女士若因内分泌失调导致腿部汗毛变浓黑时，则最好脱去或剃除，或者选择深色丝袜加以遮掩。

四、化　妆

化妆是一门艺术，适度而得体的化妆可以体现女性的端庄和美丽。对于一线服务人员来说，和谐得体的妆容效果也是留给乘客美好印象的第一步。

（一）化妆的原则

脸部化妆，一方面要突出面部五官最美的部分，另一方面要掩盖或矫正面部缺陷或不足的部分。妆分为浓妆和淡妆两种。浓妆是一种艳丽的美，给人庄重高贵的感觉，可用在晚宴、演出等特殊的社交场合。淡妆是一种趋于自然的美，给人大方、悦目、清新的感觉，最适合在家或平时上班时使用。无论是淡妆还是浓妆，都需要恰当使用化妆品，并结合一定的艺术处理，才能达到美化形象的目的。化妆的基本原则如下：

1．自然淡雅

城市轨道交通服务人员上岗之前要求化淡妆，即不要有明显化过妆的痕迹。因为底妆厚重、色彩过白、烟熏妆、眼线过重等都会让乘客感到不自然。总的来说，服务人员的妆容应自然大方、朴实淡雅。

2．扬长避短

职业妆适当展现自己的优点是比较好的选择。避短就是将自己面部不太满意的部位通过化妆技巧进行弥补，达到美观、自然、和谐的效果。

3．整体协调

化妆需要参考自己的职业、年龄、性格及五官特点等因素。职业妆应使整个妆面协调，并且应与全身的装扮相协调，与所处场合、自己身份等相协调。

（二）化妆的禁忌

服务人员在化妆时需要避免某些不应出现的错误做法，具体包括以下几个方面：

1．离奇出众的创意妆

服务人员化工作妆时不能脱离自己的工作角色，不能追求怪异、神秘的妆容，使人感觉过于突出、另类。

2．残妆示人

服务人员在工作中出汗之后、休息或用餐后容易出现脱妆，以残妆示人给人懒散、邋遢之感，所以服务人员要注意及时补妆。

3. 当众化妆

化妆属于个人隐私，原则上是在家中完成化妆过程。若需要临时补妆，也应在洗手间或隐蔽处。

（三）化妆的基础程序

1. 妆前准备

妆前准备的程序是：束发→洁肤→护肤→修眉。

（1）束发。

（2）清洁面部。化妆前可用温水及洗面奶洗去脸上的油脂、汗水、灰尘等，以使妆面干净光亮。

（3）护肤。冬季选择霜、膏类护肤品，夏季可选择乳液、水质护肤品，令肌肤柔滑，对皮肤起到保护作用。

（4）修眉。可用眉刀或眉钳根据自己具体的眉形进行修正，使之更加清秀。

2. 化淡妆步骤（表 2-2）

表 2-2　化淡妆步骤

基本步骤	注意事项
（1）打底妆 	① 涂抹饰底产品：大面积在脸上均匀地涂抹，修饰粗大的毛孔、凹凸不平的肌肤或黯沉肤色； ② 遮瑕：将遮瑕产品涂抹在肤色暗沉部位，如眼睛下方、T 字部位等，用指腹点上，海绵推匀； ③ 上粉底：用海绵沾取粉饼，先抹在上遮瑕品的部位，由内侧往外延展推匀，然后将海绵折起轻压涂抹于鼻翼两侧等边角的部分，最后整体按压全脸； ④ 粉底选择要适合自己的肤色；注意面部与脖子的衔接；如果之前粉底上得太厚重或者不均匀，可用爽肤水或者矿泉喷雾把海绵喷湿再按压
（2）画眼线 	① 先定出眼尾 1/3 处，决定眼线位置；要贴着睫毛根部描画，淡妆眼线稍细些； ② 上眼线从内眼角向外眼角化，下眼线从外眼角向内眼角化
（3）上睫毛膏 	① 服务人员睫毛膏以黑色、深棕色为宜； ② 刷睫毛时先将睫毛用睫毛夹夹翘，然后均匀涂抹睫毛膏； ③ 涂睫毛膏时，眼睛往下看，把睫毛的根部尽量露出来，把睫毛刷头插入睫毛根部，保持 2～3 秒，然后往睫毛尾部拉，让睫毛根根分明

续表

基本步骤	注意事项
（4）画眉毛 	① 用眉笔顺着眉毛的生长方向进行描画； ② 再用眉刷定型，最好用深棕色、浅棕色眉笔，切不可将眉毛化成一条重重的黑色
（5）上腮红 	① 腮红应涂在微笑时面部的最高点，均匀晕染； ② 皮肤较白的一般选用粉色；肤色较深的一般选用桃红或珊瑚色； ③ 如自己皮肤比较红润，可以省略腮红
（6）涂唇彩 	① 通常使用白色或液体唇膏来保持唇部湿润，并使唇膏颜色保持持久； ② 唇膏的颜色一般要与腮红颜色保持协调，注意它们的颜色应属同一色系； ③ 为避免口红长时间后产生化开的现象，可以在涂唇膏前先画唇线，但要注意与唇膏颜色一致

3．妆后清洁

（1）喷：先用喷瓶装上清水，喷一下脸部，湿润妆容。

（2）卸眼妆：如果有假睫毛，先把假睫毛用卸妆纸巾轻轻擦掉，然后用化妆棉沾上眼部专用卸妆液轻轻按压眼部 1 分钟，最后用棉签沾上眼部专用卸妆液把眼睑轻拭一遍。

（3）洗：用洁面乳围绕脸部轻轻打圈、按摩约 1 分钟，后清洗干净。

（4）护：挑选适合自己的护肤产品进行护肤。

4．化妆注意事项及禁忌

（1）服务人员化工作妆时不能脱离自己的工作角色，不能追求怪异、神秘的妆容，要使用与自己肤色、制服颜色相协调的颜色。

（2）脸色不好时一定要用粉底与腮红掩盖。使用液体粉底可以使皮肤看起来细腻。在使用粉底时注意不要让脸部与头部有明显的分界线。用海绵上妆可以使妆容匀称。

（3）注意要在饭后补妆，保持妆容整洁。注意脸部的油脂，特别是“T”区内，要定时用吸油纸或纸巾揩干。补妆应在洗手间完成。

（4）要讲究化妆品的卫生，化妆用具要经常清洗，不能借用他人化妆品。

任务检查

表 2-3　轨道交通车站服务人员仪容仪表认知——任务检查单

任务编号	2-2	任务名称	轨道交通车站服务人员仪容仪表认知
序号	检查内容	是	否
1	仪容包括头发、脸庞、五官、手等，是被人第一眼看见的自身面貌		
2	牙齿上不要留有牙垢，饭前漱口是保证口腔清洁与健康的好方法		
3	对于一线服务人员来说，和谐得体的妆容效果也是留给乘客美好印象的第二步		
4	妆前准备的程序是：束发→洁肤→护肤→修眉		

任务训练

1. 服务人员仪容仪表的基本要求（　　）。

A. 干净　　B. 整洁

C. 简洁大方　　D. 美观

2. 成功的仪表修饰一般应遵循的原则是（　　）。

A. 适体性原则　　B. 时间、地点、场合原则

C. 整体性原则　　D. 适度性原则

3. 化妆的原则有（　　）。

A. 自然淡雅的原则　　B. 扬长避短的原则

C. 整体协调的原则　　D. 简洁大方的原则

4. 化妆的禁忌有（　　）。

A. 离奇出众的创意妆　　B. 残妆示人

C. 当众化妆　　D. 不分时间、场合

5. 仪容协调主要包括（　　）。

A. 妆面协调　　B. 全身协调

C. 角色协调　　D. 场合协调

任务拓展

化淡妆训练：根据化淡妆训练的步骤，两两一组相互化淡妆。

任务三　轨道交通车站服务人员仪态认知与操作

任务描述

一个人的仪态是其外在的姿态和行为，直接展示着他的气质与风度。仪态的作用是塑造和展示其个人形象，个人礼仪往往是通过个人仪态展现出来的，仪态会影响到个人在社会交往中所得到的整体评价。柏拉图认为，“最美的境界是心灵的优美与身体的优美和谐一致，融成一个整体。”一个人的仪态美，主要是外在美，是以高雅的气质、迷人的风度为具体表现形式的，但它必须建立在内在美的基础上，并准确地表现出来。只有外在美和内在美相结合，才能表现仪态美。仪态美的内容是极其丰富和复杂的，它不仅具有多层次、多侧面的特点，而且包括一个人的智慧、个性、心理、道德等各种因素及其表现出来的功能。塑造良好的仪态美是轨道交通企业车站服务人员所必备的服务技能。

任务目标

- 掌握并熟练运用站姿、坐姿、蹲姿和行姿。
- 掌握微笑服务的基本方法。

任务学习

仪态是指人在行为中的姿态和风度。姿态是指人的身体所呈现的样子，风度则属于气质方面的表露。在人际交往中，人的情感流露往往会借助人体的各种姿态表露或流露出来，这就是我们常说的"体态语言"，它是一种无声的语言。仪态美是一个人形式美和内容美的统一，优美的仪态可以展现个人的魅力，给人以美感，可以弥补相貌上的一些小缺陷。英国哲学家培根说过："在美的方面，相貌的美高于色泽的美，而优雅合适的动作的美又高于相貌的美。"

一、站　姿

站姿是指人在停止行动之后，直立身体、双脚着地的姿势。站立是人们日常交往中的一种最基本的举止，更是服务人员最常用的工作姿态。它既是一种静态的身体造型，又是其他动态的身体造型的基础和起点。优美的站姿是展现人体动态美的起点，是培养仪态美的基础。

（一）基本站姿和站姿要领

基本站姿（图 2-9）指人们在自然直立时所采用的正确姿势。站姿的标准是正和直，主要特点是头正、肩正、身正，颈直、背直、腰直、腿直。

站姿的要领是：站立时头部平视前方，收下颚，面带微笑，颈部挺直，双肩舒展，腹部自然收拢，腰部直立，臀部上提，双臂自然下垂，双腿并拢立直。

图 2-9　基本站姿

（二）工作中不同的站姿形式

不同的工作岗位对站姿有不同的要求，但任何一种形式的站姿都是在基础站姿的基础上变化而来的。工作人员应在实际工作中选择合适的站姿形式来为乘客服务。服务过程中常见的站姿形式有以下三种。

1. 垂放站姿

双臂自然下垂，双手中指分别放于裤缝或裙缝处，手指自然放松的站姿称为垂放站姿（图 2-10）。这种站姿适用于训练标准体态时或重要领导审查和检阅时。

图 2-10　垂放站姿

2. 前搭手位站姿

双手四指并拢，右手在外，左手在内，将右手食指放于左手指根处，并将拇指放于手心处的站姿称为前搭手位站姿（图 2-11）。这种站姿是工作时运用最多的站姿体态，一般与乘客交流时采用此种站姿。

图 2-11　前搭手位站姿

3. 后搭手位站姿

男士右手在外，左手在内，双脚打开，双脚的距离不超过自己肩的宽度，这样的站姿称为后搭手位站姿（图 2-12）。这种站姿适用于前方无人时或客运服务人员进行巡视时。

图 2-12 后搭手位站姿

（三）站姿禁忌

站姿禁忌是指工作人员在工作岗位上不应具有的站立姿势。在与乘客的交流中，工作人员要尽量保持身体各部位处在正确的位置，避免出现以下不良的站姿：

（1）头部歪斜，左顾右盼。

（2）高低肩、含胸或过于挺胸。

（3）双手插兜或叉腰，双臂抱于胸前。

（4）腰背罗锅，弯曲，小腹前探。

（5）腿部抖动，交叉过大，膝盖无法收拢。

二、坐 姿

坐姿是指臀部置于椅子、凳子、沙发等物体上，单脚或双脚放在地上的姿势。它是一种静态的仪态造型，是常用的姿势之一。不同的坐姿传达不同的意义和情感，优雅的坐姿传递着自信、友好、热情的信息，同时也显示出高雅庄重的良好风范。

（一）坐姿的基本要求

坐姿不仅包括坐的静态姿势，还包括入座和离座的动态姿势。坐姿的基本要求如下：

（1）入座时要轻稳。走到座位前转身后，右脚向后退半步，然后轻稳地坐下，再把右脚与左脚并齐。如果是女士，入座时应先背对着自己的座椅站立，右脚后撤，使右脚确认椅子的位置，再整理裙边；挺胸，双膝自然并拢，双腿自然弯曲；双肩自然平正放松，两臂自然弯曲；双手自然放在双腿或椅子、沙发扶手上，掌心向下。

（2）臀部坐在椅子的 1/2 或者 2/3 处，两手分别放在膝上（女士双手可叠放在左膝或右膝上），双目平视，下颌微收，面带微笑。

（3）离座时要自然稳当，右脚向后收半步，然后起立，右脚与左脚并齐。

（二）女士坐姿

1. 正坐式坐姿

正坐式坐姿，如图 2-13 所示，要求双腿并拢，上身挺直、落座，两脚、两膝并拢，两手搭放在双腿上，置于大腿部的 1/2 处；要求上身和大腿、大腿和小腿应成直角，小腿垂直于地面，双膝、双脚包括两脚的脚跟都要完全并拢。入座时，女士若着裙装，则应先用手将裙摆稍稍拢一下，然后坐下。

2. 开关式坐姿

开关式坐姿，如图 2-14 所示，要求上身挺直，大腿靠紧后，一脚在前，一脚在后。

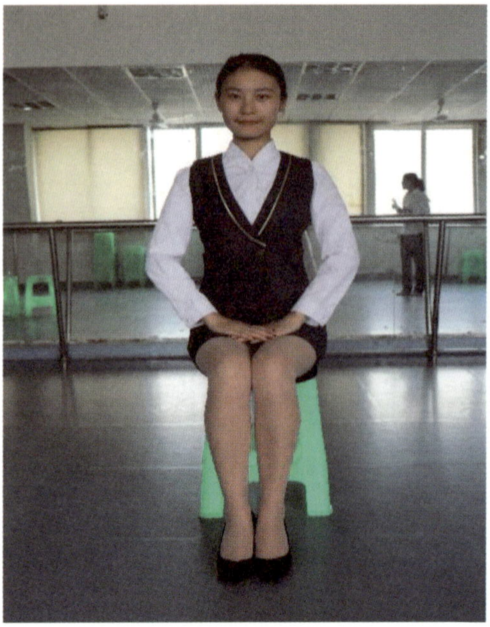

图 2-13　正坐式坐姿

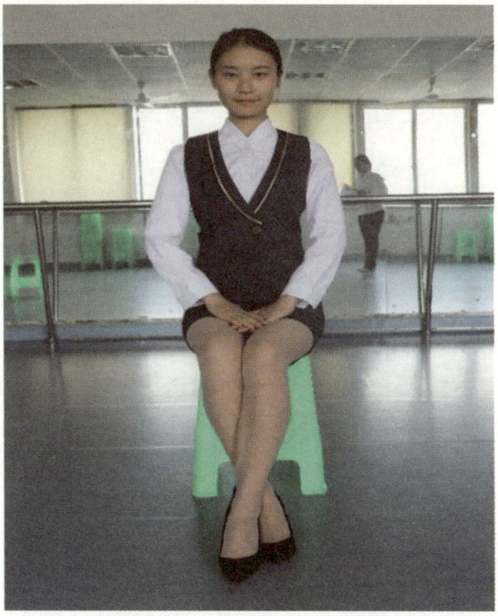

图 2-14　开关式坐姿

3. 点式坐姿

点式坐姿，如图 2-15 所示，要求双膝先并拢，然后双脚向左或向右斜放，力求斜放后的腿部与地面成 45° 角。这种坐姿适用于穿裙子的女士在较低处就座。

图 2-15　点式坐姿

4. 重叠式坐姿

重叠式坐姿，如图 2-16 所示，要求先将双腿完全一上一下交叠在一起，交叠后的两腿之间没有任何缝隙，犹如一条直线，然后将双腿斜放于左侧或右侧，斜放后的腿部与地面成 45° 角，叠放在上的脚尖垂向地面。这种坐姿适合于穿短裙子的女士。

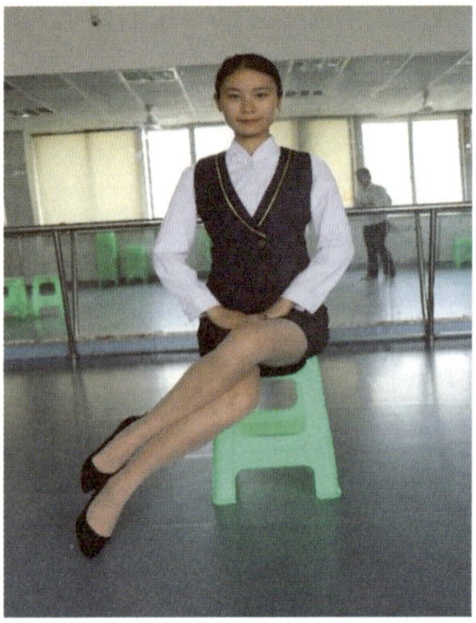

图 2-16　重叠式坐姿

（三）男士坐姿

1．正坐式坐姿

正坐式坐姿，如图 2-17 所示，要求上身挺直、坐正，双腿自然弯曲，小腿垂直于地面，两脚和两膝分开一脚长的宽度，双手以自然手形分放在两膝后侧或椅子的扶手上。

图 2-17　正坐式坐姿

2．重叠式坐姿

重叠式坐姿，如图 2-18 所示，要求右小腿垂直于地面，左腿在上重叠，小腿向里收，脚尖向下，双手放在扶手或腿上。

图 2-18 重叠式坐姿

（四）坐姿禁忌

禁忌坐姿是指工作人员在工作岗位或与乘客交谈时不应出现的坐姿。坐姿是人际关系交往过程中持续时间较长的一种姿态，如果出现以下坐姿禁忌，会给对方留下不良印象：

（1）侧肩、耸肩、上身不正。

（2）含胸或过于挺胸。

（3）双臂交叉抱于胸前。双手抱于腿上或夹在腿间。

（4）趴伏于桌面，背部拱起。

（5）跷二郎腿，叉开过大，腿部伸出过长。

（6）脚步抖动，蹬踏他物，脚尖指向他人。

（五）坐姿训练

（1）加强腰部、肩部的力量和支撑力训练，进行舒展肩部的动作练习，同时利用器械进行腰部力量的训练。

（2）按照动作要领体会不同坐姿，经常性地纠正和调整不良习惯。

（3）每种坐姿训练应持续 10 分钟，以加强腰部的支撑能力。

二、蹲　姿

蹲姿指由站姿转换为两腿弯曲，身体高度下降的姿势。蹲姿常用于服务人员捡拾物品。

（一）蹲姿的基本要求

蹲姿的基本要求是：站在所取物品的旁边，一脚前、一脚后，弯曲双膝，不要低头且双脚支撑身体，蹲下时要保持上身的挺拔、体态自然。

（二）蹲姿的不同形式

蹲姿有以下两种不同形式：

（1）高低式蹲姿，如图 2-19 所示。高低式蹲姿的特征是两膝一高一低。女士两腿膝盖相贴靠，男士膝盖朝向前方。

（2）交叉式蹲姿，如图 2-20 所示。交叉式蹲姿仅限于女士。蹲下时双膝交叉在一起，两腿交叉重叠，后腿脚跟抬起，脚掌着地，上身略向前倾。

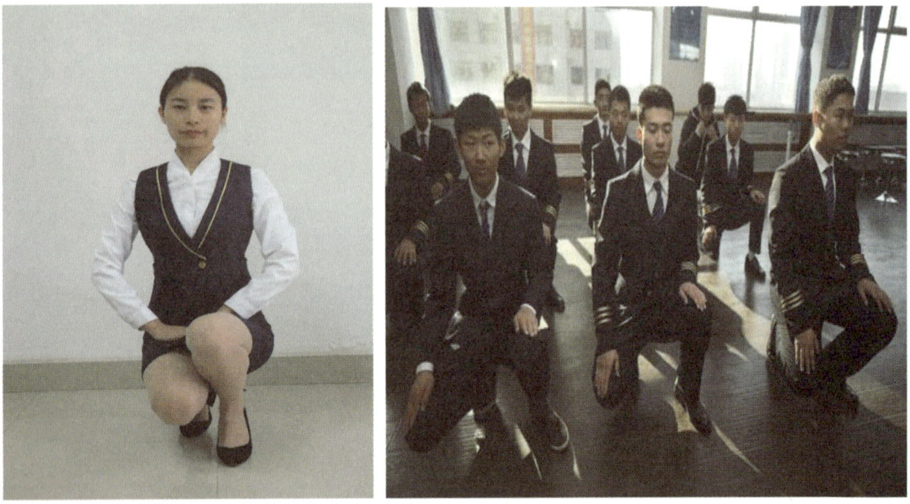

图 2-19　高低式蹲姿

图 2-20　交叉式蹲姿

（三）蹲姿禁忌

（1）行进中突然下蹲。

（2）背对他人或正对他人蹲下。

（3）女士着裙装下蹲时毫无遮饰。

（4）正常工作中以蹲姿休息。

（四）蹲姿训练

（1）加强脚踝、膝盖等关节的柔韧性，练习提腿、压腿、活动关节等动作。

（2）蹲姿控制练习，要有意识地控制平衡，保持蹲姿，形成好的习惯。

四、行　姿

行姿是站姿的延续动作，是在站姿的基础上展现人的动态美。无论是在日常生活中还是社交场合中，凡是协调稳健、轻松敏捷的步态都会给人以美感。行姿也能体现城市轨道交通服务人员的基本形象，服务人员的行姿代表着企业的形象和精神。

（一）行姿的基本要求

（1）规范的行姿首先要以端正的站姿为基础。

（2）双肩应平稳，以肩关节为轴，双臂前后自然摆动。

（3）上身挺直，头正、挺胸、收腹、立腰，重心稍向前倾。

（4）注意步位。脚尖略开，起步时，身体微向前倾，两脚内侧落地；不要将重心停留在后脚，并注意在前脚着地和后脚离地时要伸直膝部。

（5）步幅适当。一般地，前脚的脚跟与后脚的脚尖应相距一脚长左右的距离，步伐稳健，步履自然，要有节奏感，保持一定的速度。但因性别不同、身高不同、服饰不同，步幅的大小也有一定的差异。一般情况下，每分钟应行走 110 步。当然，这还取决于工作的场合和岗位。行姿在整体上要给人以步态轻盈敏捷、有节奏的感觉。如图 2-21 所示。

（二）行姿标准

针对不同的工作情况，对服务人员的行姿有着不同的标准。

（1）在与乘客迎面相遇时，服务人员应放慢脚步，面带微笑目视乘客表示致意，并实时伴随礼貌的问候用语。以规范的右侧通行原则，让乘客先行。

（2）在陪同、引领乘客时，如果与乘客同行，服务人员应遵循以右为尊的原则，走在乘客的左侧；如果引领乘客，服务人员应走在乘客左前方两三步的位置，行进步速应与乘客步幅保持一致。

图 2-21 行姿

（3）在进出升降式电梯时，如果无人驾驶电梯，服务人员应让乘客后进先出；如果有人驾驶电梯，服务人员应让乘客先进先出。

（4）在搀扶帮助他人时，服务人员应注意步速与对方保持一致。在行进过程中，服务人员可适当停顿，询问乘客的身体状况。

（三）行姿禁忌

服务人员在工作岗位上不应出现如下行姿：

（1）走路“内八字”或“外八字”。

（2）蹬踏和拖蹭地面，踮脚走路。

（3）步速过快或过慢。

五、面部礼仪

（一）面部礼仪的原则

服务人员在与乘客进行交流时，面部礼仪的应用要遵循以下四个原则：

1. 谦　恭

谦恭是服务人员主动向乘客表示尊敬的一种方式，是服务对象首要的心理需求，也是评价服务水平的重要标准。

2. 友　好

友好是服务人员主动向乘客表示希望与之沟通和欢迎的表现形式，是顺利完成交流的重要基础。

3. 适　时

适时要求服务人员的表情神态要与所处的场合和工作情景相协调，要求服务人员有较强的应变能力和对情景气氛的感受能力。

4. 真　诚

服务人员所有的语言和行为，如果不是建立在真诚的基础上，都会背离服务目标走向虚伪，而虚伪必将导致服务失败。

（二）面部礼仪的基本内容

1. 眼　神

眼睛能够显示出人类最明显、最准确的交际信号，能准确地表达人们的喜、怒、哀、乐等一切感情，服务人员应学会正确地运用目光，为乘客创造轻松、愉快、亲切的环境与气氛，消除陌生感，缩短距离。

（1）正确使用眼神。

① 正视乘客。服务人员在接待乘客时，无论是问话答话、递接物品，还是收找钱款，都必须以热情柔和的目光正视乘客的眼睛，向其行注目礼，使之感到亲切温暖。

② 视线要保持合适的高度。在目光的运用中，平视的视线更能引起人的好感，显得礼貌和诚恳。例如，当站着的服务人员与坐着的乘客说话时，身子应稍微弯下，以求拉平视线；当服务人员的侧面有人问话时，应先侧过脸去正视乘客，然后再作答。

③ 运用目光向乘客致意。当距离较远或人声嘈杂、言辞不易传达时，服务人员应用亲切的目光向乘客致意。

④ 连续注视对方的时间要适当。在视线接触时，服务人员一般连续注视对方的时间最好在 3 秒以内，在许多文化背景中，长时间的凝视、直视、侧面斜视或上下打量对方，都是失礼的行为。服务人员在与服务对象交谈时，视线接触对方面部的平均时间应占全部谈话时间的 30%～60%。如果注视的时间超过这个平均值，服务对象就会觉得受到了冒犯或挑衅；如果注视时间低于这个平均值，服务对象可能会有受冷落和被忽视的感觉。

想一想：当服务人员和乘客进行交流时，如果双眼一直注视对方，会给对方造成什么感觉？

⑤ 接触方向要合适。接触方向可以分为视线接触三区：上三角区（眼角至额头），处于仰视角度，常用于下级对上级的场合，表示敬畏、尊敬、期待和服从等；中三角区（眼角以下面部），处于平视、正视的角度，表示理性、坦诚、平等、自信等；下三角区（前胸），属于隐私区、亲密区，不能乱看。服务人员注视乘客时，应以中三角区为宜，即采取正视、平视，以表示对服务对象的重视和敬重。

⑥ 目光注视要兼顾。服务人员既要保证对先到的服务对象的重点服务，又要在适

当的间隙向后来的服务对象投去歉意和安慰的目光，以保证不忽视任何一位在场的服务对象。

（2）眼神交流的注意事项。

眼神属于表情范围。各种表情中特别是眼、眉、嘴等的形态变化最容易引起他人的注意。在与他人交流时，通常眼神的交流总是在先。因此，眼神要尽量让别人看起来柔和、友好。由于眼神受情感的制约，人的眼睛的表现力极为丰富和微妙，因此只有把握好自己的内心情感，才能充分地发挥眼神的作用。但凡炯炯有神的目光，都会给人以感情充沛、生机勃发的印象；目光呆滞麻木，则给人以疲惫厌倦的印象；而目光凶相毕露，交往必然难以持续。

与他人见面时，不论是陌生的还是熟悉的，不论是偶然相遇还是如期约会，都要首先睁大眼睛目视对方，面带微笑，表现出喜悦和热情。如果你希望给对方留下很深的印象，则要凝视对方，用目光进行长久的交流。

与他人交谈时，不要不停地眨眼，不要眼神飘忽，不要怒目圆睁，不要目光呆滞，最忌讳目光闪烁，盯住对方或逼视、斜视、瞟视对方，这些都会使对方产生不信任感。注视他人时，应以对方面部中心为圆心、以肩部为半径，因为这个视线范围是目光交流的最佳范围。与他人交谈时，应始终保持目光接触，以表示对对方很尊敬，对话题感兴趣；如果左顾右盼，则表示对人或事都不感兴趣；如果不看着对方说话，则表示藐视或者心不在焉。随着话题、内容的变换，应做出及时恰当的目光反应，或喜，或惊，用目光会意，使整个交谈融洽而有趣。交谈结束时，应将目光抬起。道别时，应用目光表现出惜别之意。

2. 微　笑

微笑是仅限于脸部肌肉运动的收敛的笑，由从嘴角往上牵动颧骨肌和环绕眼睛的括纹肌的运动所组成的，并且左右脸是对称的。微笑语在人类各种文化中的含义是基本相同的，能超越文化而传播，是名副其实的“世界语”，这是因为人类的笑脸散发着情绪。在人际交往中为了表示相互敬重、相互友好，保持微笑是必要的。微笑是一种健康、文明的举止，是无声的语言，是人们表达愉快感情的心灵外露，是善良、友好、自信、温暖、幸福、宽容、慷慨、赞美的象征。

微笑语是体态语中运用最广、最具魅力的一种形式。美国喜剧演员博格说：“笑是两个人之间的最短距离。”美国沟通学家卡耐基的“被人喜爱的六个秘诀”之一就是“用微笑对待他人”。微笑在传达亲切温馨的情感、有效缩短双方的心理距离、增强人际吸引力等方面的作用是非常显著的，因而在服务行业中微笑服务尤其受到推崇。微笑是最富有吸引力、最有价值的体态语。微笑能强化有声语言沟通的功能，增强交际效果；微笑还能与其他体态语相结合，代替有声语言进行沟通。

微笑同时也是服务人员的一项基本功，只要对工作、对乘客怀有诚挚的感情，就会发出真心的微笑。这种发自内心的、轻松友善的微笑，是乘客需要的微笑，也是最美的微笑。服务人员在微笑中不仅可以充分而全面地体现自信和热情，而且还能表现出温馨和亲切，给乘客留下美好的印象。示例如图 2-22 所示。

图 2-22　微笑

（1）微笑的种类。

① 温馨的微笑。温馨的微笑是只牵动嘴角肌，两侧嘴角向上高于唇心，但不露出牙齿。这种微笑适用于和陌生乘客打招呼时。

② 会心的微笑。会心的微笑是嘴角肌、颧骨肌与其他笑肌同时运动，微微露齿，但要有眼神交流和致意的配合。这种微笑适用于表示肯定、感谢时。

③ 灿烂的微笑。灿烂的微笑是嘴角肌和颧骨肌同时运动，露出牙齿，一般以露出 6 ~ 8 颗牙齿为宜。这种微笑适用于交谈进行中。

（2）微笑的好处。

在人际交往中，服务人员保持微笑有以下四点好处：

① 表现心境良好。面露平和欢愉的微笑，说明自己心情愉快、充实满足、乐观向上、善待人生，这样的人才会散发吸引别人的魅力。

② 表现充满自信。面带微笑，表明对自己的能力有充分的信心，以不卑不亢的态度与人交往或帮助别人，使人产生信任感，容易被别人真正接受，而不会产生排斥心理。

③ 表现真诚友善。面带微笑反映自己心底坦荡，善良友好，待人真心实意，而非虚情假意，使人在与其交往中自然放松，不知不觉地缩短心理距离。

④ 表现乐业敬业。在工作岗位上保持微笑，说明热爱本职工作，乐于恪尽职守。在服务岗位上，微笑更是可以创造一种和谐融洽的气氛，让服务对象倍感愉快和温暖。

真正的微笑应发自内心，渗透着自己的情感。表里如一、毫无包装或矫饰的微笑才有感染力，才能被视作“参与社交的通行证”，才会被别人从心里真正地接受。

3．微笑的禁忌

（1）不要缺乏诚意，强装笑脸。

（2）不要露出笑容后随即收起。

（3）不要仅为情绪作用而笑。

（4）不要把微笑只留给上级、朋友等少数人。

4．微笑的练习方法

（1）发“一”“七”“茄子”“威士忌”等音，嘴角露出微笑。

（2）手指放在嘴角并向脸的上方轻轻上提，使脸部充满笑意。

（3）以对着镜子自我训练为主，对着镜子来调整和纠正“三种”微笑（温馨的微笑、会心的微笑、灿烂的微笑）。嘴角需要同时提起，不要露出牙龈。

（4）用门牙轻轻地咬住筷子，嘴角两边都要翘起，并且嘴角两端与筷子平行，保持这个状态 10 秒，抽出筷子，练习维持之前的状态。

（5）情景熏陶法。通过美妙的音乐创造良好的环境氛围，引导学生会心地微笑。

（6）同学之间通过打招呼、讲笑话来练习微笑，并相互纠正。

任务检查

表 2-4　轨道交通车站服务人员仪态认知与操作——任务检查单

任务编号 2-3	任务名称 轨道交通车站服务人员仪态认知与操作		
序号	检查内容	是	否
1	站姿是指人在停止行动之后，直立身体、双脚着地的姿势		
2	双臂自然下垂，双手中指分别放于裤缝或裙缝处，手指自然放松的站姿称为垂放站姿。这种站姿不适用于训练标准体态时或重要领导审查和检阅时		
3	蹲姿的基本要求不是：站在所取物品的旁边，一脚前、一脚后，弯曲双膝，不要低头且双脚支撑身体，蹲下时要保持上身的挺拔、体态自然		
4	坐姿是指臀部置于椅子、凳子、沙发等物体上，单脚或双脚放在地上的姿势。它是一种静态的仪态造型，是常用的姿势之一		
5	重叠式坐姿要求先将双腿完全一上一下交叠在一起，交叠后的两腿之间没有任何缝隙，犹如一条直线，然后将双腿斜放于左侧或右侧，斜放后的腿部与地面成 45° 角，叠放在上的脚尖垂向地面		

任务训练

1. 工作中不同的站姿形式有（　　）。

A. 垂放站姿　　B. 前搭手位站姿

C. 后搭手位站姿　　D. 跨立站姿

2. 站姿禁忌有（　　）。

A. 头部歪斜，左顾右盼　　B. 高低肩、含胸或过于挺胸

C. 双手插兜或叉腰，双臂抱于胸前　　D. 腰背罗锅、弯曲，小腹前探

E. 腿部抖动，交叉过大，膝盖无法收拢

3. 蹲姿有（　　）。

A. 高低式蹲姿　　B. 交叉式蹲姿　　C. 平行蹲姿

4. 常见的女士坐姿有以下哪几种？（　　）

A. 正坐式坐姿　　B. 开关式坐姿　　C. 点式坐姿　　D. 重叠式坐姿

5. 面部礼仪的应用要遵循的原则有（　　）。

A. 谦恭　　B. 友好　　C. 真诚　　D. 适时

任务拓展

一、站姿训练

1. 背靠背站立。两人一组，要求两人后脚跟、小腿、臀部、双肩、脑后枕部相互紧贴。

2. 顶书训练。在头顶上平放一本书，保持书的平衡，以检测是否做到头正、颈直。

3. 背靠墙练习。在站立时，服务人员的头、背、臀均紧挨着墙。

二、面部礼仪训练

按下面 6 种方法进行训练并加以评比：

（1）发“一”“七”“茄子”“威士忌”等音，嘴角露出微笑。

（2）手指放在嘴角并向脸的上方轻轻上提，使脸部充满笑意。

（3）以对着镜子自我训练为主，对着镜子来调整和纠正“三种”微笑（温馨的微笑、会心的微笑、灿烂的微笑）。嘴角需要同时提起，不要露出牙龈。

（4）咬筷子训练。用门牙轻轻地咬住筷子，嘴角两边都要翘起，并且嘴角两端与筷子平行，保持这个状态 10 秒，抽出筷子，练习维持之前的状态。

（5）情景熏陶法。通过美妙的音乐创造良好的环境氛围，引导学生会心地微笑。

（6）同学之间通过打招呼、讲笑话来练习微笑，并相互纠正。

任务四　轨道交通车站服务人员沟通礼仪认知与操作

任务描述

沟通，是人与人之间交换意见、观点、情况和情感的过程或载体，这一过程是通过语言和非语言行为来完成的。沟通是一门艺术，需要一定的方法和技巧。沟通是人们在社会生活中必不可少的一部分。作为轨道交通企业服务岗位的从业人员，学习并掌握一定的沟通理论知识和沟通技巧对确保工作顺利开展、提高工作效果有着积极的作用。

任务目标

- 了解沟通的概念和种类。
- 掌握轨道车站服务中常见的沟通礼仪。
- 熟练使用车站服务中的各类沟通礼仪。

任务学习

一、沟通的概念

沟通，是人与人之间交换意见、观点、情况和情感的过程或载体，这一过程是通过语言和非语言行为来完成的。当两个人或更多的人之间希望分享经验、感知、思想、事实或感情时，由于内部和外部因素经常导致不准确的或无效的感知，因此他们就需要沟通，需要通过语言或情感的交流，达成理解、谅解或信息的交流。沟通是在平等、相互尊重的前提下进行的，因此沟通双方应注意礼节礼貌。

二、沟通的种类

（一）语言沟通

语言是人类特有的一种非常好的、有效的沟通方式。语言的沟通包括口头语言、书面语言、图片或者图形。口头语言包括面对面的谈话、开会等；书面语言包括信函、广告和传真，甚至常用的 E-mail 等；图片包括一些幻灯片和电影等，这些都统称为语言的沟通。

（二）非语言沟通

非语言沟通指使用除语言符号以外的各种符号系统，包括形体语言、副语言、空间利用以及沟通环境等。在沟通中，信息的内容部分往往通过语言来表达，而非语言则作为提供解释内容的框架来表达信息的相关部分。非语言沟通是语言沟通的重要补充。

三、轨道车站服务中常见的沟通礼仪

（一）称呼礼仪

服务人员在问候乘客时，由于并不知道乘客的姓名及信息，因此往往需要运用称呼，如“您”“先生”等。适当地运用称呼，不仅让人觉得彬彬有礼，很有教养，也可以使互不相识的人乐于相交，使熟人之间增进友谊。对于服务人员而言，更要学会正确地称呼乘客。在称呼时，服务人员的态度要热情、谦恭，称呼用语要恰当、亲切。

（1）敬称，如“您老”“您”等，多用于尊长、同辈。服务人员一定要用敬称，以表示对乘客的客气与尊敬。

（2）亲属称谓，就是对非亲属的交际双方以亲属称谓，通常在非正式交际场合使用。服务人员在为特殊乘客提供服务时可以使用亲属称谓，如“大哥”“大姐”“大伯”“大妈”“大叔”“爷爷”“奶奶”等，不过要注意对方的年龄，一定要称呼得当。

（3）职业称谓，用于较正式的场合，带有尊重对方职业和劳动之意，如“师傅”“大夫”“医生”“老师”等，可以冠之以姓。

（4）职称称谓，是对干部、技术人员等的称谓。对国家工作人员等在各种交际场所应该用职务称谓，如书记、经理、主任、主席、教授、工程师等，在前面加上姓名，在总经理前面一般加姓。

（5）姓名称谓，在正式场合称呼比较熟悉的同辈人为“老+姓”（如老王、老张等）；对干部、知识分子等老年男性称“姓+老”（如李老等）；小辈称“小+姓”（如小田等）。

（6）统称，男性称先生、女性称女士，这是当今社会最为流行的称呼，在服务工作中也可以使用。

（二）交谈礼仪

交谈是建立良好人际关系的重要途径，也是日常接待的主体。交谈礼仪的关键在于尊重对方和自我谦让，还要注意交谈的表情、态度、内容和表达方式等。

1. 交谈的表情要求

服务人员在与乘客交谈时，表情要大方、自然，态度应诚恳，面带微笑，语气亲切。切忌边埋头工作边与乘客交谈。图 2-23 为站务人员与乘客交流。

图 2-23　站务人员与乘客交流

2. 交谈的语言要求

（1）使用敬语。

敬语使用是表示对听者尊敬、礼貌的语言手段。敬语一般运用在以下场合：比较正规的社交场合，与师长或身份、地位较高的人交谈，与人初次打交道或会见不太熟悉的人，会议、谈判等公务场合等。常用的敬语有“请”“您”“劳驾”“贵方”“贵公司”“谢谢”“再见”等。生活中还有许多敬语可以展现服务人员的素质和修养。例如，拜托语言，如“请多关照”“承蒙关照”“拜托”等；慰问语言，如“辛苦了”“您受累了”等；赞赏语言，如“太好了”；同情语言，如“真难为你了”“您太苦了”等；挂念语言，如“你现在还好吗？生活愉快吗？”等，这些都可以归为敬语。

轨道站务人员与乘客交流的敬语，特别是常用敬语，主要在以下几个场景中使用：

一是相见道好。人们彼此相见时，开口问候“您好”“早上好”，在这里一个词至少向对方传达了三个意思：表示尊重，显示亲切，给予友情；同时也显示了问候者的三个特点：有教养，有风度，有礼貌。

二是偏劳道谢。在对方给予帮助、支持、关照、尊重、夸奖之后，最简洁、最及时而有效的回应就是由衷地说一声“谢谢”。

三是托事道请。有求于他人时，言语中冠以“请”字，会赢得对方的理解和支持。

四是失礼致歉。服务人员因为主观或客观原因给乘客造成麻烦或困难时，应该及时真诚地说一声“对不起”“打扰您了”，就会使对方趋怒的情绪得到缓解。

（2）使用委婉语和致歉语。

委婉语是用来在服务工作中表达不宜直言的人或事物的语言，常常运用在一些正规的场合及一些有长辈或女性在场的情况下，被用来替代那些比较随便甚至粗俗的话语。例如，想要上厕所时，宜说：“对不起，我去一下洗手间。”让对方等候时，要说：“请稍等。”

致歉语是在服务过程中麻烦、打扰、妨碍了别人时，及时向对方表示道歉的语言。常用的致谦语有“对不起”“非常抱歉”“请原谅”“不好意思”等。在工作过程中，注意致谦语的应用要规范、得体、言行统一。

（三）应答礼仪

1. 应答礼仪的要求

应答礼仪是服务人员在工作中回答客人询问或回应对方召唤时所表现出的礼仪行为。常见的应答用语有“好的”“没问题”“我知道了”“我明白了”“您说得对”“对，是这样”等。如图 2-24 为站务人员与乘客交流。

图 2-24 站务人员与乘客交流

使用应答礼仪时，服务人员应该注意以下几种情形：

（1）应答乘客询问时，服务人员要思想集中，全神贯注地聆听，不能目视别处，或心不在焉，或说话有气无力。

（2）应答乘客提问或征询有关事项时，服务人员的语言应简洁、准确，语气应婉转，音量要大小适中。不能随心所欲地谈天说地，或声音过大，或词不达意。

（3）乘客讲话含糊不清或语速过快时，服务人员可以委婉地请其复述，不能听之任之，凭主观臆想随意回答。

（4）需要回答多位乘客的询问时，服务人员应从容不迫，按先后次序、轻重缓急，一一作答，不能只顾一位乘客，而冷落了其他乘客。

（5）对于乘客提出的无理要求，服务人员必须沉得住气，或婉言拒绝，或委婉地回答："可能不会吧！""很抱歉，我确实无法满足您的这种要求，我帮您找其他人解答。"

2. 服务人员常用服务用语

（1）"十字"文明用语："您好""请""对不起""谢谢""再见"。

（2）欢迎语："欢迎您乘坐地铁""欢迎您来我站检查指导工作"。

（3）问候语："先生/女士，您好"。

（4）告别语："再见""欢迎您下次乘坐"。

（5）征询语："您好，请问有什么可以帮您？""您有什么事情？""您还有别的事情吗？""请您慢些讲！""我没听清您的话，您能再说一遍吗？"

（6）应答语："不必客气""没关系""愿意为您服务""这是我们应该做的""我明白了""好的""是的""非常感谢"。

（7）道歉语："实在对不起""请原谅""请不要介意""让您久等了""谢谢您的提醒"。

（四）问候礼仪

问候是两个人会面时最先向对方传递的信息。如果服务人员能够迅速、积极地表达出自己的诚意和心意，就可以在最初接触乘客时给乘客留下一个好的印象。服务人员在运用问候礼仪时应注意做到以下几点：

（1）问候要积极主动。主动问候会给乘客温暖的感受，也会令服务人员在接下来的交谈中占据主动。即使是乘客先打招呼了，服务人员也一定要立即回应问候乘客。

（2）问候的声音要清晰、洪亮且柔和。会面时，对方的心态不可预知，但一声响亮的问候能将气氛调动起来。尤其在早晨、午后、傍晚等乘客的神经尚未完全兴奋时，大声地问候会使乘客感到振奋，有利于服务气氛的和谐。

（3）问候时要形神兼备。问候时应注视乘客的眼睛，明确坦诚地表达对乘客的欢迎，并伴有微笑、点头和致意。

（五）鞠躬礼仪

鞠躬是问候的一部分，充分表达对来者的敬意，一般在下级对上级、服务人员对宾客、初次见面的朋友之间、欢送宾客及举行各种仪式时使用。图 2-25 为鞠躬的标准姿势。

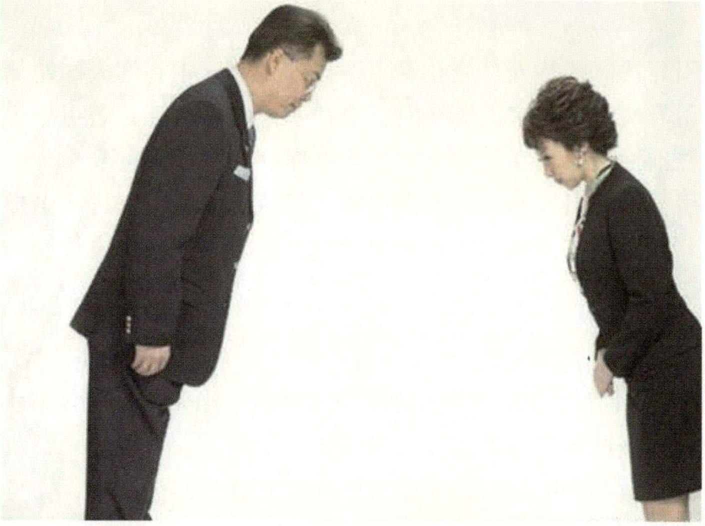

图 2-25 鞠躬的标准姿势

服务人员行鞠躬礼时需要面对乘客，并拢双脚，视线由对方脸上落至自己的脚前 1.5 m 处（15° 礼）或脚前 1 m 处（30° 礼）。男性双手放在身体两侧，女性双手合起放在身体前面。

鞠躬时，必须伸直腰、脚跟靠拢、双脚脚尖处微微分开，弯腰速度适中。常用的鞠躬礼仪包括 15° 鞠躬礼、30° 鞠躬礼和 45° 鞠躬礼，如图 2-26 所示。

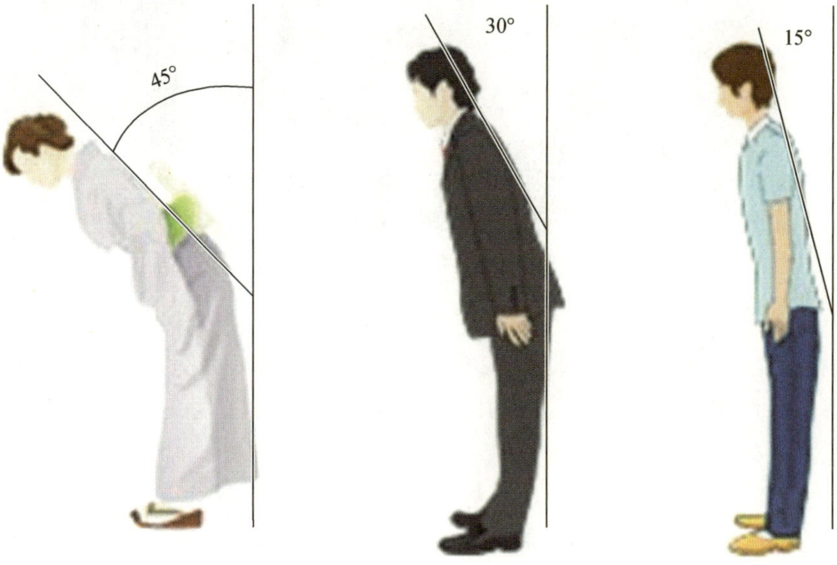

图 2-26 不同角度的鞠躬礼

（六）引导礼仪

服务人员在引导顾客时，需要遵循和使用一定的方法。

1. 引导方法

（1）走廊引导法。接待人员应在客人两三步之前，走在客人的左侧。

（2）楼梯引导法。引导客人上楼时，应让客人走在前面；若引导客人下楼，则接待工作人员走在前面，客人在后面，上下楼梯时应注意客人的安全。

（3）电梯引导法。引导客人进入电梯时，接待工作人员先进入电梯，等客人进入后关闭电梯门，到达时按开按钮，打开电梯门，让客人先走出电梯。

2. 引导手势

（1）引导手势的运用要规范。

在引路、指示方向时，五指并拢，小臂带动大臂，小臂与地面保持水平（图 2-27）。根据指示距离的远近调整手臂的高度，身体随着手的方向自然转动，收回时手臂应略成弧线再收回。在做手势的同时，要配合眼神、表情和其他姿态，方显落落大方。切忌用单个食指指示方位。

图 2-27　车站引导

（2）引导手势的基本要求。

① 意思准确。服务人员的手势必须与语言的内容相一致，不能让乘客难以理解，甚至误解。虽然相同的手势在不同的民族、国家会有不同的意思，但手势又有一定的规定性和更大的一致性。

② 手势要适度。服务人员使用手势时必须控制使用的频率和幅度，如果没有手势，对话内容会有呆板的感觉，但如果手势动作过多，又会给人留下装腔作势、缺乏涵养的印象。

③ 简单明了。服务人员的每一个手势都力求简单、精练、清楚、明了，要做到干净利索、优美动人，不要过于烦琐、拖泥带水。

④ 自然大方。手势的使用要自然大方，不要太机械、过于僵硬。

（七）握手礼仪

1. 握手礼仪的基本要求

握手是中国人经常使用的见面礼和告别礼，它包含感谢、慰问、祝贺和相互鼓励的意思。行握手礼时，通常距离受礼者约一步，两足立正，上身微向前倾，伸出右手，四指并齐，拇指张开与对方相握，微微抖动 3～4 次（时间以 3 秒为宜），然后松开手，恢复正常姿态。握手礼如图 2-28 所示。

图 2-28　握手礼

2. 握手礼仪常见的注意事项

（1）男女之间。男方要等女方伸出手后才可握手，如果女方不伸手，没有握手的意愿，那么男方可点头致意或鞠躬致意；如果男性是女性父辈的年龄，男性先伸手是适宜的。

（2）宾主之间。主人应先向客人伸手，以示热情、亲切。如接待来宾，不论男女，女主人都要主动伸手表示欢迎，男主人也可以先伸手对女宾表示欢迎。离别时，应由客人先伸手，表示再见；主人此时若先伸手就等于催客人离开，不礼貌。

（3）当年龄与性别冲突时，一般仍以女性先伸手为主，同性年长者应先伸手，年轻者应立即回握。

（4）有身份差别时，身份高者先伸手，身份低者应立即回握。

（5）长幼之间。年幼者要等年长者先伸出手；上级和下级之间，下级要等上级先伸出手；平辈相见先伸手者有礼、主动。

（6）握手的力度。握手要紧，表示诚意和感激之情，但不要握痛对方的手，也不可抓住对方的手不放或使劲地摇晃。

（7）速度与时间。伸手的快慢，说明自愿或勉强，握手的时间一般为 3～5 秒。对长者握手时要稍弯腰，对一般人握手时不必弯腰，但也不要腰板笔挺、昂首挺胸，给人留下无礼、傲慢的印象。

（8）面部表情。握手时面部要露出真挚的笑容，以友善的目光看着对方，千万不能一边握手，一边斜视他处，东张西望或与他人说话。

（9）其他注意事项。如果某人正在干活，对方主动伸出手，这时可以一边点头致意，一边摊开双手表示歉意，取得对方谅解。如果正在干活的人一时疏忽，伸出脏手与对方相握，这时对方要热情回握，而且切不可当着对方的面擦自己的手。

3．握手禁忌

一忌男士戴着帽子和手套，二忌长久握住异性手不放，三忌用左手与人握手，四忌交叉握手，五忌握手时目光左顾右盼。

练一练：

第一步，两人一组，练习基本的握手要领。主要练习握手时的站立姿势、握手的两个人之间的站立距离、握手时的眼神、握手的时间和力度等。

第二步，在掌握正确握手姿态后，练习握手的时间。学生 2～4 人分为一组，自己设计场景，如上级与下级、宾客与主人、地位相等者等。

（八）电话礼仪

1．做好准备工作

在打电话前，服务人员应将要说的事情简单整理，并且准备好纸和笔，以便于随时记录有用的信息。打电话应选择恰当的时间、地点和场合。一般来说，早上 8 点之前或晚上 10 点之后均不适宜打工作电话，否则会妨碍对方休息。此外，服务人员还要考虑打电话的地点是否安静、打电话时对方是否方便等，嘈杂的环境和不分场合的电话注定不会有好的效果。

2．接听电话

服务人员尽量在电话铃响三声之内，带着微笑迅速接起电话说出“您好”，让对方在电话中也能感受到热情。接电话后应主动报上姓名或单位，吐字清晰。如果是呼出电话，服务人员应注意控制通话时间，言简意赅地把事情说清楚；如果是接听乘客电话且对方谈话内容很长，服务人员必须给予回应，如使用“是的”“好的”等来表示在认真听。

3．结束通话

要结束电话交谈时，服务人员要感谢对方的来电或接听，用积极的态度感谢对方。一般应当由打电话的一方提出结束，然后彼此客气地道别，说一声“再见”再挂电话，不可只管自己讲完就挂断电话。

【知识链接】

电话常用礼貌用语

（1）（转接占线或同事不在位置上）抱歉，×××正在与客户通话，可否请您告诉我您的姓名，稍后我让×××给您电话？

（2）感谢您的阐述，为了保证信息的准确，我这里再简单复述一遍，请您看看有没有遗漏的地方。

（3）×先生/小姐，您的宝贵意见对我们太重要了。

（4）×先生/小姐，没关系，请您慢慢说。

（5）×先生/小姐，是的，对您的感受我完全理解，但我相信通过我们今天的充分交流，我们在许多方面将达成良好共识。

（6）×先生/小姐，您放心，我稍后将就您提出的问题给予及时处理并在第一时间再次与您沟通。

（7）×先生/小姐，很高兴能够与您交流。

任务检查

表 2-5　轨道交通车站服务人员沟通礼仪认知与操作——任务检查单

任务编号	2-4	任务名称	轨道交通车站服务人员沟通礼仪认知与操作
序号	检查内容	是	否
1	敬语使用是表示对听者尊敬、礼貌的语言手段		
2	委婉语是用来在服务工作中表达不宜直言的人或事物的语言，常常运用在一些不正规的场合及一些有长辈和女性在场的情况下，被用来替代那些比较随便甚至粗俗的话语		
3	服务人员行鞠躬礼时，应面对客人，并拢双脚，行 15° 鞠躬礼		
4	致歉语是在服务过程中麻烦、打扰、妨碍了别人时，及时向对方表示道歉的语言。常用的致谦语有“对不起”“非常抱歉”“请原谅”“不好意思”等		
5	问候是两个人会面时最先向对方传递的信息		

任务训练

1. 敬语，特别是常用敬语，主要在哪些地方使用？（　　）

A. 相见道好　　B. 偏劳道谢

C. 托事道请　　D. 失礼致歉

2. 服务人员在运用问候礼仪时应注意哪些事项？（　　）

A. 问候要积极主动　　B. 问候的声音要清晰、洪亮且柔和

C. 问候时要形神兼备

3. 引导礼仪中的引导方法有哪些？（　　）

A. 走廊引导法　　B. 楼梯引导法

C. 电梯引导法

4. 常用的鞠躬礼仪有哪些？（　　）

A. 15° 鞠躬礼　　B. 30° 鞠躬礼

C. 45° 鞠躬礼

任务拓展

服务礼仪拓展视频 2

1. 交谈和应答礼仪训练

   老师设置话题，学生分角色进行练习。

2. 引导礼仪训练

   学生按照引导礼仪中的引导方法，分角色进行练习。

3. 鞠躬礼仪训练

   学生分小组进行训练，掌握基本的鞠躬要领。

4. 握手礼仪训练

   学生分组进行训练，掌握握手的基本要领。

5. 接打电话礼仪训练

   老师设置话题，学生分角色进行练习。

项目三

城市轨道交通车站常规服务认知与操作

任务一 乘客服务中心认知与操作

任务描述

城市轨道交通车站是乘客出行乘坐地铁最先和最后的接触场所，车站具有人员流动性大的特点，乘客的候车、休息、乘车等均是在车站完成的。因此，在做客运服务工作时，车站客运服务人员要树立全心全意为人民服务的思想，坚持全面服务、重点照顾的原则。车站客运服务人员在岗时应该做到精神饱满、仪容整洁、举止大方、服务规范，认真执行服务标准和作业程序，研究乘客需求，规范仪表仪容，提高服务水平，让乘客有宾至如归的感觉，充分展示车站客运服务人员的精神文明风貌和优秀的企业形象。

城市轨道交通车站常规服务包括乘客服务中心服务、站厅服务和站台服务。乘客服务中心是城市轨道交通服务的基础，它是车站最繁忙的地方，是车站的重点工作部门之一。乘客服务中心也是乘客进站最先接触的地点，它担负着整个车站的票务工作，其服务水平的高低直接影响着整个车站的服务质量。如售票服务，由于服务对象有所差异，涉及不同的文化背景，有着不同的脾气禀性，这给售票服务增加了难度。但乘客服务中心的工作人员若能用亲切、柔和的语言向乘客问好，用准确、快捷的服务为乘客售票，一定会留给乘客很好的印象。

任务目标

- 了解乘客服务中心的基本职责与要求。

- 熟练掌握单程票的工作流程。
- 熟练掌握一卡通发售与充值服务的工作流程。
- 掌握如何处理票务事故的方法。

任务学习

车站为乘客提供的服务中最重要的是信息服务，即向乘客提供有关出行的一切信息，并将乘客对信息的接受程度以及对服务的感知程度记录下来并进行反馈，从而不断地对自身服务进行完善，更好地满足乘客的需求。特别是在乘客服务中心（图 3-1），服务人员主要为乘客提供良好的问询、解答以及人工引导服务。

乘客服务中心的工作人员需要熟练掌握工作流程，微笑着为乘客提供服务。每个车站对售票服务都有要求，比如有的车站要求工作人员“讲好开头语，坚持标准语，用好结束语，做到服务开头有问候语，服务结束有道别声”；有的车站的作业标准要求是“一收、二唱、三操作、四找零”；还有的车站要求工作人员热情周到，要做到“一迎、二收、三唱、四操作、五找零、六告别”，最重要的就是用标准化服务乘客。

乘客服务中心的工作人员还应该要时刻关注重点乘客。重点乘客通常指老、弱、病、残、孕等出行时缺乏行动能力，需要工作人员帮助的乘客。针对这类乘客，车站应提供相应的无障碍设施，例如在车站设置重点乘客候车区域、盲道、直梯，提供带有盲文的查询设施及轮椅、担架等；针对孕妇和儿童，还可设置母婴候车区、儿童欢乐园地等。工作人员应该注意观察，发现有需要帮助的重点乘客，主动询问，热情提供帮助。工作人员还应具备手语、急救常识等能力，了解重点乘客的一般心理需求，尽可能提供周到的服务。车站应建立重点乘客服务窗口、重点乘客登记簿，并与列车联系，做到有登记、有交接、有办理，全程帮助重点乘客解决困难，方便出行。

图 3-1　乘客服务中心

一、乘客服务中心工作人员的基本职责与要求

（一）乘客服务中心工作人员的基本职责

（1）严格执行轨道交通的相关规章制度，树立良好的职业道德。

（2）始终如一地贯彻“乘客至上、服务第一”的宗旨，为乘客提供优质的服务。

（3）承担车站售补票工作和一卡通充值服务。

（4）帮助乘客换取福利票、兑换零钱，负责处理票务问询的相关工作。

（5）热情接待乘客，按规定妥善解决乘客提出的问题。

（6）对无法进出站乘客的票卡进行分析，并按规定处理乘客的无效票和过期票。

（7）服从值班站长的指令，积极配合完成相关票务工作。

（8）做到有令必行、有禁必止，确保票款安全，并在规定的时间开关售票窗口。

（9）熟悉工作流程，熟悉售票、充值等业务，确保工作有序、高效。

（10）认真执行相关规章、制度、作业标准，妥善处理突发事件。

（二）乘客服务中心工作人员的基本要求

（1）身体健康，五官端正，持有健康证。

（2）上岗前，首先需要统一着装，检查仪容仪表，佩戴员工证，要求仪表整洁、仪容端庄。

（3）工作期间，充满激情，微笑服务乘客，还应精神饱满、思想集中。

（4）工作期间，不使用手机，不与同事闲聊也不与熟人闲聊。

（5）售票期间，应做到准确无误，对乘客表达不清楚的地方，要仔细问清楚，以免出错。

（6）售票期间，车票、票款和发票应同时交给乘客，并提醒乘客当面点清票款。

（7）当乘客询问时，应耐心听取并回答；在乘客说话时，保持眼神接触，并且点头表示明白或给予适当的回应。

（8）虚心接受乘客提出的意见，不与乘客发生冲突。

（9）对于来到客服中心的乘客，工作人员应主动问好，耐心并有礼貌地向他们搜集信息，了解乘客的需要，解决乘客遇到的问题，如未听清乘客的需要，必须有礼貌地说：“对不起，麻烦您再讲一遍。”

（10）上岗前应通过安全、技术业务培训，经理论、实际操作考试合格后，持证上岗。

（11）熟知岗位职责和作业标准，技术业务熟练，并了解其他岗位作业标准，具备与其他岗位联劳协作的能力。

（12）掌握基本的手语、英语的语言沟通方式，具备为聋哑乘客和外籍乘客服务的能力。

（三）乘客服务中心工作人员的礼仪要求

服务人员必须保证：头发整齐利落、清洁清爽；发长过肩的女性必须将头发束起，最好佩戴有发网的头饰，将头发挽于发网内，头花端正。男性要剪短发，要求前发不附额，侧发不掩耳，后发不及领。具体要求如下：

（1）女性戴帽子时，应将刘海放入帽子内侧，帽徽应朝正前方，不得歪戴，不应头发凌乱，染发过于明显、夸张。

（2）服务人员不应留怪异发型；女性员工长发不应遮挡脸部；男性员工不应留长发、鬓角遮挡耳部。

（3）服务人员对面容的要求：女性上岗应着淡妆，保持清洁的仪容，避免使用味道浓烈的化妆品；男性应保持脸面洁净，不可留胡须。适时保持亲切的笑容，不应该化浓妆或怪异妆，工作时不得使用味道浓烈的化妆品。

（4）服务人员对口腔的要求：保持牙齿、口腔清洁；定期除掉牙齿上的尼古丁痕迹；去除吸烟过多而引起的口腔异味；工作前食不得用葱、蒜、韭菜等带有刺激性气味的食物。

（5）服务人员对指甲的要求：时刻保持指甲干净整齐，经常修剪；只可涂肉色和透明色指甲油；不允许指甲过长；不得使用指甲装饰品。

（6）服务人员对配饰的要求：可以佩戴的饰品有风格简约的手表、婚戒、一对耳钉（女性）；佩戴纯色镜架和无色镜片眼镜；饰品应自然大方，不可过度明显夸张。不应佩戴过分夸张和闪耀的饰物。

二、单程票、一卡通发售服务

（一）单程票的发售服务

售票员在岗期间（图 3-2），应注意坐姿挺胸直腰收腹收臀，目视前方，右手轻握

图 3-2 售票员工作照

左手放在工作台上，两膝相靠，两脚并拢或稍分；在与乘客交流时，须注视乘客。票亭内物品须摆放整齐，当无乘客在窗口购票、充值、兑零时，票亭岗须到闸机旁引导乘客出闸；当售票员办理交接时，交接时间不得超过 5 分钟，交接时须摆放“正在办理交接”牌，同时向购票乘客做好解释工作。

在乘客购买单程票卡时，售票员应该严格执行“一收、二唱、三操作、四找零”的程序，基本流程如 3-1 所示。

表 3-1　单程票发售的基本流程

步骤	程序	用语	动作	时机
一	收	“您好，请问到哪里”	面带微笑，自然注视对方，主动点头致意，礼貌询问对方要去的目的地	乘客购票时（收取乘客购票的票款）
二	唱	“××站 1 张，收您×元，请确认”	用普通话清晰唱出票卡金额及张数	讲出票款金额，重复乘客要求的购票张数和车票类型，如未听清乘客的要求，应主动礼貌地询问
三	操作	“请您确认车票信息”	在 BOM 上选择相应功能键，处理车票。 手指自然并拢，掌心斜向上方，指向目标，待乘客确认后收回	正确、迅速地操作：检验钞票真伪，如钞票为伪钞，则要求乘客重新更换钞票，操作完成后请乘客确认小屏幕上的票价信息
四	找零	“这是您的票卡，（找您××元）请拿好。” 乘客收取车票后“请往这边进站。”	双手递出票卡，面带微笑。 手指自然并拢，掌心斜向上方，指向目标，待乘客离去后收回	清楚说出车票张数，将车票和找赎的零钱一起礼貌地交给乘客

2．单程票发售服务的常见问题处理

（1）乘客给付的纸币出现残缺时。

在工作期间，如果遇到乘客给付的纸币出现残缺，应按照以下规定处理：

① 不接受缺损 1/4 以上的纸币。

② 不接受辨认不清面值的纸币。

③ 除上述两种情况外，所有人民币都应该按规定收取（再小的零钱也要接受，不论数量多少）。

④ 如乘客给付的残钞按规定不能接受，站务人员应在拒绝收取的同时，礼貌地向乘客解释原因：“对不起，您给我的纸币×××××，麻烦您换一张，谢谢合作”。

（2）乘客给付的纸币是假钞时。

在工作期间，如果发现乘客给的是假钞，应尽量避免让乘客感到难堪。

① 不告诉乘客是假钞，只要求乘客更换：“不好意思，请您换一张纸币。”

② 如果提醒无效，应向乘客解释原因："不好意思，您给我的纸币不能被设备识别，麻烦您换一张，谢谢合作。"

③ 如果乘客拒绝更换纸币以致干扰到正常服务，可以报告值班站长或请求公安部门协助。

④ 如遇到数量较多的假币，应立即报告值班站长或请求公安部门出面处理。

（3）找不开零钱时。

在工作期间，如果遇到找不开零钱的情况，不要直接建议乘客去另外的入口处买票或充值。

① 应礼貌地询问："对不起，请问您有零钱吗？"

② 如果乘客没有零钱，应向乘客表示抱歉："对不起，这里的零钱刚找完，请您稍等，我们马上联系工作人员备好零钱或麻烦您到对面的票亭兑换。"

（4）当乘客在乘客服务中心窗口前排起长队时。

在工作期间，如果发现乘客在乘客服务中心窗口前排起长队，一定要对乘客做适当的安抚。

① 对等待已久的乘客或感觉不耐烦的乘客要说："对不起，请您稍等，我们会尽快办理。"

② 对等待已久的乘客进行了解，引导乘客自助购票，减少乘客排队等待的时间。

③ 如果需要较多的时间接待某位乘客，可以向其他同事请求帮助。

④ 假如排队的乘客中有投诉，应先说："不好意思，让您久等了，我会尽快帮您处理。"

（5）发现有乘客插队时。

在工作期间，当发现有乘客插队时，应用礼貌但又坚定的语气告诉他："麻烦您先排队，我们会尽快为您服务的。"

（二）一卡通的发售和充值服务

1．一卡通发售和充值服务的基本流程

在进行一卡通（储值卡）发售时，应严格遵守"一迎、二收、三确认、四操作、五找零、六告别"的程序，基本流程见表 3-2。

表 3-2　一卡通发售的基本流程

步骤	程序	内容
一	迎	（1）面带微笑，主动向乘客道"您好"。 （2）确认乘客是否要办理购买一卡通，"请问，您是要购买一卡通吗"。 （3）微笑告知乘客办卡需要缴纳的费用和充值的金额，"购买一卡通，制卡费是××元；请问您需要充值多少钱在卡里呢"

续表

步骤	程序	内容
二	收	（1）收取乘客的票款："您好，一共收您×××元。" （2）接过票款后，进行验钞，并将收取的票款放在售票台面上。 （3）严禁拒收旧钞、零币、分币
三	确认	提醒乘客根据显示屏确认票卡内的金额
四	操作	按照设备使用规定，通过半自动售票机准确发售票卡或充值
五	找零	（1）清楚地说出找零金额，"找零××元，请收好，谢谢"。 （2）将找零、一卡通、发票一起礼貌地交给乘客。 （3）提醒乘客当面点清票款
六	告别	"请您慢走"，然后将收到的票款收好放进抽屉内

在进行一卡通（储值卡）充值服务时，也应严格遵守"一迎、二收、三确认、四操作、五找零、六告别"的程序，基本流程见表 3-3。

表 3-3　一卡通充值服务的基本流程

步骤	程序	内容
一	迎	（1）面带微笑，主动向乘客道"您好"。 （2）问清乘客充值金额，"请问您需要充值多少元"
二	收	（1）收取乘客的票款："您好，收您×××元。" （2）接过票款后，进行验钞，并将收取的票款放在售票台面上。 （3）严禁拒收旧钞、零币、分币
三	确认	对于充值的乘客，则需要重复乘客充值的金额和票卡当前的余额，并提示乘客根据显示屏确认充值后的金额："您卡上的余额是××元，充值××元，充值后金额为××元，请核对信息。"
四	操作	按照设备使用规定，通过半自动售票机准确发售票卡或充值
五	找零	（1）清楚地说出找零金额，"找零××元，请收好，谢谢"。 （2）将找零、一卡通、发票一起礼貌交给乘客。 （3）提醒乘客当面点清票款
六	告别	"请您慢走"，然后将收到的票款收好放进抽屉内

注意事项：负责售票的工作人员不得携带私款上岗，不允许代人存放物品。

2. 一卡通服务的常见问题处理

工作中，当遇到乘客需要的某些一卡通服务，车站无法办理时，车站工作人员应该按照以下方法解决：

（1）售票员要给乘客适当的安抚，向乘客表示抱歉："对不起，目前车站无法办理此项业务。"

（2）售票员应向乘客解释车站没有办理此项业务的权限。

（3）如果乘客需要办理退卡，售票员应告知乘客可以到指定的网点办理退卡，并告诉乘客离本车站最近的网点位置。

工作时，当乘客的一卡通无法刷卡进站时，车站工作人员应该按照以下方法解决：

（1）服务人员应双手接过乘客的票卡，"请您别着急，我帮您查一下"，查询乘客一卡通的基本信息，判断无法进站的原因。

（2）如果一卡通余额不足，服务人员应礼貌地提醒乘客充值或购买单程票卡进站："您好，您的票卡余额不足，请您充值后使用，谢谢合作。"

（3）如果乘客已有本次进站记录，服务人员可以告知乘客一张卡只能一人使用，避免出现一卡多人进站的问题。

（4）如果乘客已有本次进站记录，但因为特殊情况未进站，了解原因后，需要给乘客刷新票卡，帮助乘客进站。

（5）如果一卡通无上次出站记录，则应补写出站信息，扣除相应的费用（一般会扣除最高票价，但每个城市的城市轨道交通有所不同，有的城市扣除的是最低票价，比如重庆），并应提醒乘客出站时也需要刷卡。

（6）如果一卡通消磁，服务人员应礼貌地提醒乘客购买单程票卡进站，并建议乘客可以到指定网点办理换卡手续。

三、福利票、处理坏票和其他票务服务

1. 福利票的发售服务

票务员需要掌握发售福利票的基本流程，如表 3-4 所示。

表 3-4　发售福利票的基本流程

步骤	内容	用语
一	主动问候乘客	"您好，请出示您的证件。"
二	双手接过乘客的相关证件，核对乘客所持有的免费证件是否有效	"请您稍等。"
三	如实填写"福利票换领记录"，并要求乘客签字确认	"请您在记录表右下角签本人的名字。"
四	将福利票双手递给乘客	"请您收好，慢走。"

2. 当乘客的单程票卡不能正常进站时

（1）首先，要安抚乘客，向乘客表示道歉："非常抱歉，我们马上为您处理。"

（2）查看票卡外观，如票卡损坏，则需要礼貌地告诉乘客："对不起，您的票卡已经损坏，按照规定您需要重新购买车票进站。"

（3）如果票卡外观没有问题，则需要在半自动售票机上查询票卡信息。

① 单程票票卡不是当日车票或当站车票，要礼貌告知乘客："对不起，您的单程票车票不是本站（本日）的车票，按照规定需要重新购买车票。"如果单程票票卡非本站车票也可建议乘客去购票站乘车，向乘客耐心解释单程票车票使用制度。

② 票卡已经有进站记录，向乘客确认是不是一卡多人使用，如果不是，可以刷车站工作票让乘客进站或者对票卡进行进站更新。

③ 票卡信息无法读取或者错误，向乘客表示道歉，并立即更换新卡，回收旧卡。

3．当乘客的单程票卡无法出站时

（1）首先要安抚乘客，向乘客表示道歉："非常抱歉，我们马上为您处理。"

（2）查看票卡外观，如果票卡损坏，一般视作无票乘车，具体处理方式参照当地"城市轨道交通车票使用规则"。

（3）如票卡外观没有问题，则需要在半自动售票机上查询票卡信息。

① 票卡超时，礼貌向乘客解释："对不起，您的车票已经超时，您需要按规定补票出站。"如乘客有疑问，可耐心解释车票使用制度。

② 票卡超程，礼貌向乘客解释："对不起，您的车票已经超出使用里程，您需要补交××元。"

③ 票卡没有进站记录，直接补进站记录即可。

④ 票卡信息无法读取或者错误，向乘客表示道歉，换一张出站票出站。

4．当乘客要求退单程票时

如果线路运营正常，按照城市轨道交通运营企业的相关规定不予退票，处理方法如下：

（1）首先要说明车站的制度，并向乘客表示抱歉："对不起，按照规定，我们不能帮您退票。"

（2）向乘客解释单程票卡一律不予退票。

如果线路运营发生故障，具体处理方法如下：

（1）安抚乘客的急躁心理，并向乘客道歉："对不起，请稍候，我们马上帮您解决。"

（2）立即上报值班站长，经值班站长允许后按规定退票。

5．当乘客的一卡通无法正常进站时

（1）首先要安抚乘客，向乘客表示道歉："非常抱歉，我们马上为您处理。"

（2）查看票卡外观，如果票卡损坏，礼貌地向乘客解释："对不起，您的票卡已经损坏，您需要购买单程票卡进站。"并提醒乘客到一卡通指定网点处理卡内余额等问题。

（3）如票卡外观没有问题，则需要在半自动售票机上查询票卡信息。

① 票卡余额不足，礼貌地向乘客解释："对不起，您的车票余额不足，您需要充值或者购买单程票进站。"如乘客有疑问，可耐心解释车票使用制度。

② 票卡已有进站记录，向乘客确认是不是一卡多人使用，如果不是，可以刷车站工作票让乘客进站或者对票卡进行进站更新。

③ 票卡没有上一次乘车出站记录，按照当地"城市轨道交通车票使用规则"补出站记录，扣除相应票款。

④ 票卡信息无法读取或者错误，耐心地向乘客解释："对不起，您的车票无法读取，你需要购买单程票卡进站。"礼貌地提醒乘客到一卡通指定网点办理。

6．当乘客的一卡通无法正常出站时

（1）首先要安抚乘客，向乘客道歉："非常抱歉，我们马上为您处理。"

（2）查看票卡外观，如果票卡损坏，一般视作无票乘车，具体处理方式参照当地"城市轨道交通车票使用规则"。

（3）如票卡外观没有问题，则需要在半自动售票机上查询票卡信息。

① 票卡超时，礼貌向乘客解释："对不起，您的车票已经超时，您需要按最低票价补票出站。"如乘客有疑问，可耐心解释车票使用制度。

② 票卡没有进站记录，向乘客确认行程，并按照实际行程补出站票出站。

③ 票卡信息无法读取或者错误，耐心地向乘客解释："对不起，您的车票无法读取，您需要补交××元购买出站票出站。"具体补票金额参照"城市轨道交通车票使用规则"，如乘客需要办理一卡通的其他服务，可礼貌提醒乘客到一卡通指定网点办理。

任务检查

表 3-5　乘客服务中心认知与操作——任务检查单

任务编号	3-1	任务名称	乘客服务中心认知与操作
序号	检查内容	是	否
1	乘客服务中心的工作人员不需要熟练掌握工作流程，只需要热情服务就好		
2	在乘客购买单程票卡时，售票员应该严格执行"一收、二唱、三操作、四找零"的程序		
3	售票员不应接受缺损 1/2 以上的纸币		
4	负责售票的工作人员不得携带私款上岗，不允许代人存放物品		

续表

序号	检查内容	是	否
5	乘客服务中心的要求是：着工作装，带工作牌，化浓妆		
6	售票期间，需要车票、票款和发票同时交给乘客，但是不需要提醒乘客当面点清票款		
7	当售票员办理交接时，交接时间不得超过 10 分钟，交接时须摆放“正在办理交接”牌		
8	售票员不应接受辨认不清面值的纸币		
9	在进行一卡通（储值卡）发售时，应严格遵守“一迎、二收、三确认、四操作、五找零、六告别”的程序		
10	乘客服务中心的基本职责：始终如一地贯彻“乘客至上、服务第一”的宗旨		

任务训练

1. 乘客服务中心的基本职责包括（　　）。
   A. 严格执行轨道交通的相关规章制度
   B. 承担整个车站的售补票工作和一卡通充值服务
   C. 热情接待乘客，按规定妥善解决乘客提出的问题
   D. 认真售票，其他工作不重要
2. 乘客服务中心的基本要求包括（　　）。
   A. 统一着装，仪表整洁、仪容端庄
   B. 精神饱满、思想集中
   C. 悠闲闲聊、开开心心
   D. 熟悉工作流程
3. 单程票的发售服务需要注意？（　　）
   A. 坐姿挺胸直腰收腹收臀
   B. 在与乘客交流时，须注视乘客
   C. 严格执行“一收、二唱、三操作、四找零”的程序
   D. 交接时间不得超过 5 分钟
4. 单程票发售的基本流程是（　　）。
   A. 一迎　　B. 二唱　　C. 三操作　　D. 四找零

5. 在进行一卡通（储值卡）发售时，应严格遵守（　　）的程序。
A. 迎、收　　B. 找零　　C. 确认、操作　　D. 告别

任务拓展

1. 情景模拟，请完成单程票发售的基本流程，小组需要分工，扮演乘客和工作人员。

2. 情景模拟，请完成一卡通发售的基本流程，小组需要分工，扮演乘客和工作人员。

3. 情景模拟，请完成一卡通充值服务的基本流程，小组需要分工，扮演乘客和工作人员。

任务二　站厅服务认知与操作

任务描述

城市轨道交通车站的站厅是车站的门面和窗口，其服务水平的高低是乘客对车站服务产生深刻印象和做出评价的重要依据。客流量的大量增加和乘客文化层次差异的扩大，给站厅服务增加了新的难度。如何提高站厅服务质量、减少乘客投诉事件的发生已成为现阶段城市轨道交通服务亟待解决的问题之一。做好文明服务礼仪，体现现代城市轨道交通客运服务的新面貌，人多嘈杂的站厅服务是关键而艰难的一个场所。

任务目标

- 了解站厅服务的基本职责与要求。

- 熟悉安检禁止携带的物品和基本流程。
- 熟练掌握自动售票服务的作业标准。
- 熟练掌握监票服务的基本流程。

任务学习

城市轨道交通站厅（图 3-3、图 3-4）是服务乘客的场所。做好站厅的服务是工作人员的职责，将服务上升到礼仪服务的高标准，不仅可以体现车站服务的整体管理和服务水平，也能体现出一个城市文明的程度，同时高尚的文明礼貌也可以改变乘客的行为习惯。

图 3-3　城市轨道交通车站站厅一

图 3-4　城市轨道交通车站站厅二

一、站厅服务的基本职责与要求

1. 站厅服务的基本职责

（1）执行相关规章制度，做到有令必行、有禁必止。

（2）关注站厅的乘客，若发现有需要帮助的乘客，立即前往给予服务，帮助乘客。

（3）密切注意站厅中乘客的动态，若发现有违反城市轨道交通相关规定（如精神异常、醉酒的乘客等）的行为应及时制止。

（4）回答乘客问询，特别注意帮助老、弱、病、残等有困难的乘客（图 3-5）。

图 3-5　工作人员帮助残疾人购票

（5）引导乘客正确操作票务设备，节约排队时间。

（6）当乘客没有零钱时，以整换零，方便乘客购票。

（7）负责巡视车站自动售检票设备的运行情况，协助做好票箱、钱箱的更换或清点工作（图 3-6）。

图 3-6　工作人员更换钱箱

（9）负责巡视车站自动售检票设备的运行情况，当设备出现问题时，及时上报。

（10）负责巡查站厅、出入口，保证设备设施的正常运行，并做好相关巡查记录。

发现安全隐患时应及时报修，发现有故意损坏设备的行为时应及时制止并上报。

2．站厅服务的基本要求

（1）穿工作装，戴工作牌，仪表整洁、仪容端庄，语言文明。

（2）工作时，精神饱满、思想集中，积极热情，不准闲聊。

（3）当发现乘客携带超长、超大、超重物品时，应禁止其进站，并做好相应的解释工作。

（4）当遇到乘客不能进出站的情况时，要礼貌地引导乘客到客服中心进行票卡的分析。

（5）当遇到逃票的情况时，应态度平和地要求乘客去客服中心进行补票，切不可与乘客争吵或讽刺挖苦乘客。

（6）留意地面卫生，发现积水、垃圾、杂物等应及时通知保洁人员处理；同时设置警示牌，防止乘客摔倒。

（7）负责站厅、出入口的客流组织工作，防止乘客过分拥挤，必要时需采取相应的限流措施。

（8）遇到老人、儿童等需要帮助的乘客时，要协助他们安全进出站。

（9）城市轨道交通客运服务人员的服饰应整洁大方，并与城市轨道交通的工作性质相协调。

（10）服务人员工作对具体着装要求及禁忌，如表 3-6 所示。

表 3-6　服务人员工作对具体着装要求及禁忌

分类	基本要求	禁忌
制服	（1）干净无褶皱； （2）领口、袖口要保持整洁干净，衬衫放在裤子里侧； （3）裤袋限放工作证等扁平物品或体积微小的操作工具，避免服装变形； （4）季节更替时，应按规定更换制服，不得擅自替换	（1）制服上有异味或污渍； （2）在套装和衬衫的胸袋内放入钱包、硬币等物品； （3）缺扣、立领、挽袖、挽裤
鞋袜	（1）穿着制服时应按规定穿黑色或深色的皮鞋，鞋面保持干净，黑色皮鞋配深色袜子； （2）女员工着裙装时，应选择与肌肤相贴近的自然色或暗色系中的浅色丝袜； （3）皮鞋应定期清洁，保持干净光亮	（1）穿极度磨损的鞋及露脚趾脚跟的鞋； （2）穿图案过多的袜子和浅色袜子
工牌	（1）挂绳式工号牌的照片和字面应朝向乘客，工号牌绳放在制服外侧； （2）非挂绳式工号牌应佩戴在制服左上侧兜口的正上方位置，工号牌左下角应抵住西服兜口边缘，并与地面保持水平； （3）佩戴党（团）徽时，应将党（团）徽佩戴于工号牌中上方	（1）胸牌上有装饰物； （2）胸牌有损坏； （3）胸牌上的名字模糊、褪色

二、安全检查服务

安全检查简称安检，安检事关旅客人身安全，所以旅客必须无一例外地经过安全检查后，才能进站。也就是说，安全检查不存在任何特殊的免检对象。所有外交人员、政府首脑和普通旅客，不分男女，不分国籍和等级，都必须经过安全检查。安检机如图 3-7 所示。

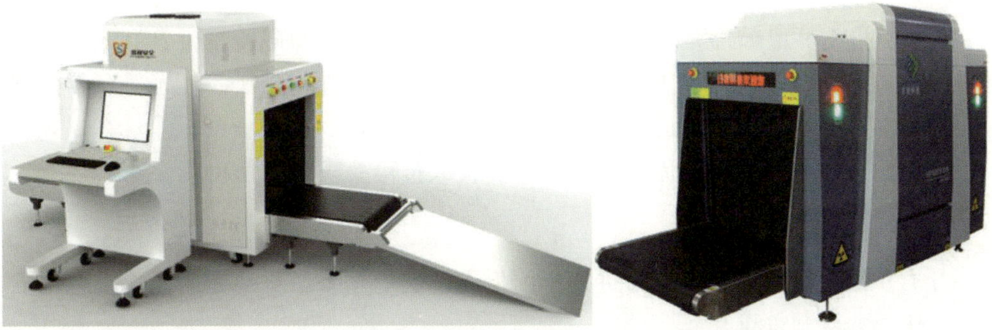

图 3-7　安检机

安全检查的内容主要是检查旅客及其行李物品中是否携带枪支、弹药、易燃、易爆、腐蚀、有毒放射性等危险物品，以确保车站及乘客的人身、财产安全。

（一）安全检查服务的基本流程

安全检查的作用是保障旅客人身安全的重要预防措施，作为与乘客安全息息相关的一项工作，必须严格、规范地执行。检查人员应该以规范的服务流程完成安全检查工作。基本流程见表 3-7。

表 3-7　安检的基本流程

步骤	程序	时机/内容	用语/操作
一	迎	检查之前，安检人员应主动提示	“您好，请接受安检，谢谢您的合作。”
二	操作	检查时	安检人员应主动伸手去帮助乘客把包放到检测仪上或抬到桌子上
三	告别	检查之后安检人员应向乘客表示感谢	“给您添麻烦了，请您慢走。”并帮助乘客把行李从检测仪上拿下来

（二）安全检查服务中常见的问题处理

1. 当发现乘客携带超长（超重）的物品时

（1）安检人员提醒乘客：“对不起，因为公司规定，不能携带超长（超重）的物品进站。”

（2）安检人员应耐心地向乘客解释城市轨道交通的相关规定，建议乘客改乘其他交通工具："不好意思，请您改换其他交通方式。"

（3）如遇到态度强硬、固执的乘客，安检人员应让乘客了解他的情况很难处理，如果乘客认为东西太重，不愿意出站，可以寻求其他同事帮助乘客出站。

（4）如果乘客坚持搭乘，安检人员可要求警方协助。

2. 当发现乘客携带利器刀具时

（1）安检人员提醒乘客："对不起，因为公司规定，不得随身携带管制刀具以外的菜刀、餐刀、大型水果刀、工艺品刀、剪刀、钢（铁）锉、斧子、锤子等利器进站。"

（2）安检人员应耐心地向乘客解释地铁的相关规定。

（3）如遇到态度强硬、固执的乘客，安检人员可要求警方协助。

3. 当发现乘客包内有违禁品时

（1）安检人员把包拿到一边进行详细检查，避免当着所有乘客的面检查包内的违禁品，让乘客感到难堪。

（2）安检人员耐心地解释城市轨道交通的相关规定，向乘客详细指出哪些物品属于违禁品。

（3）如遇到态度强硬、固执的乘客，安检人员可以寻求其他同事的帮助。

4. 当出现客流高峰时

（1）安检人员委婉地提醒乘客加快速度，并提醒后一位乘客做好准备，避免出现拥挤忙乱的情况。

（2）如果乘客过多，安检人员可以使用手持检测仪进行检查，以加快安检的速度。

（三）安全检查要求

城市轨道交通车站具有高密度、人流聚集的特点，对乘客携带物品的安全性提出了很高的要求。车站的安全检查工作必须严格、规范。具体要求如下：

（1）检查前，应主动向乘客问好："您好，请您接受安检。"

（2）大型行李包裹应使用X光透视机检查仪进行检查；对于乘客随身携带的手包及贵重物品应使用手持金属探测器进行检查；特殊时期或有特殊需要，应由部门相关人员携警犬加强检查力度。

（3）检查过程中，如果乘客行李过多，应主动伸手帮助乘客将行李放到检测仪上。

（4）检查后应向乘客表示感谢："给您添麻烦了，谢谢您的合作，再见。"

（5）如果安检时发现违禁品，应耐心地向乘客指出哪些是违禁品，并说明违禁品的处理方法。注意自己说话的语气和态度，避免让乘客感到难堪。

（6）当遇到乘客不耐烦时，要学会使用"对不起"。毕竟安检工作会给乘客带来麻烦，要主动道歉，并对乘客的配合表示感谢。

（7）如果乘客拒绝接受安检，服务人员切记不能大喊大叫，更不能蛮横无理。要耐心地说服乘客："为了您和他人生命财产的安全，请您配合我们的检查，谢谢合作。"

服务人员必须具备良好的业务能力和沟通技巧，随时解答乘客疑问，并对乘客的投诉予以及时处理。

接听电话回答乘客疑问时，应语气温柔、语速适中。首先接听人员向乘客问好，进行自我介绍，耐心倾听乘客问题，依据规章制度并针对问题做出解答。询问乘客是否满意，对超出自己业务范围内的问题，应坦诚说明，并留下乘客的联系方式，过后将解决情况及时向乘客反馈。

受理乘客投诉时，应先稳定乘客情绪，耐心倾听乘客投诉，了解情况后开始对话沟通和交流，对乘客真诚相待，并对乘客提出的问题积极反映，设身处地为乘客着想，尽量减少乘客利益的损失，让乘客参与解决方案，最终对投诉做出合理处理。

将当日处理问题及投诉进行登记，做到有据可查，并进行汇总，以作日后处理问题的参考。

三、售票服务

城市轨道交通售票服务包括自动售票（查询）和半自动售票（人工售票）。

（一）自助查询、售票设施

乘客出行首要关注的问题就是如何能快捷地得到出行信息和购买车票。轨道交通高密度公交化的发车频率，使得乘客需要一种可以随到随走的购票方式，大量自动查询机、自动售票机的投入使用满足了乘客这一需求。

（二）人工售票

尽管自动售票机的使用使得乘客购票更为简便，但是对于部分乘客来说仍喜欢选择人工售票，特别是当自动售票机发生故障或者客流猛增时，人工售票仍是不可缺少的售票方式。由于车票是有价证券，如果乘客因购买车票发生问题，会对乘客出行造成严重影响，乘客经济上也会有所损失。所以票务员在工作中，不仅应按照服务标准进行良好的服务，还应该加强售票过程中的反复询问和核实，并叮嘱乘客核对手中的票、款，避免发生因误售、误购导致乘客上错车、下错站或耽误乘车时间。

城市轨道交通车站都设置有自动售票机（图 3-8），有的乘客会使用，有的不会，有的乘客第一次乘坐轨道交通时，需要工作人员引导。

城市轨道交通设置有厅巡岗，厅巡岗的工作人员除正常的巡视站厅、出入口等，还肩负自动检票机引导服务的重任，其作业标准如表 3-8 所示。

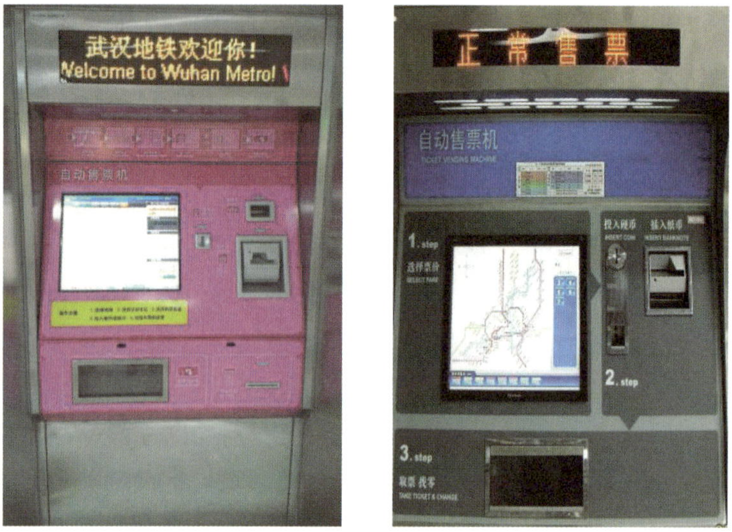

图 3-8 自动售票机

表 3-8 厅巡岗作业标准

步骤	程序	使用时机	动作	用语
一	问	乘客走向自动售票机（TVM）	面带微笑，自然注视对方，主动点头致意，礼貌问询	“您好，请问到哪里”
二	操	引导乘客在 TVM 上选择相应的功能键，购买车票	态度和蔼	“请选择您所要到达的目的地” “请选择您购买的张数” “请从取票、找零口拿取您的车票”
三	引	乘客已购买单程票	手指自然并拢，掌心斜向上方，指向进站方向，待乘客离去后收回	“请您在此处刷卡进站”

当工作人员发现以下情况时，应给予相应的服务。

1. 当乘客第一次使用自动售票设备时

（1）服务人员耐心指导乘客如何使用自动售票设备（图 3-9、图 3-10），尽量让乘客自己操作，注意避免直接接触乘客财物，以免发生不必要的纠纷。

（2）服务人员耐心指导乘客如何刷卡进站，并提醒乘客要妥善保管票卡，因为出站票卡需要回收。

2. 当乘客使用自动售票设备出现卡币现象时

（1）服务人员检查设备状态，如显示卡币，则向乘客道歉并按票务管理规定办理。

（2）如显示正常，则按有关规定开启设备维修门，在服务人员确认有卡币现象后，立即向乘客道歉：“对不起，设备出现故障，请您谅解，我会马上为您处理。”

图 3-9　工作人员帮助乘客使用操作 TVM（1）

图 3-10　工作人员帮助乘客使用操作 TVM（2）

（3）如打开维修门后，服务人员确认没有出现卡币现象，则应向乘客解释："对不起，经我们核查，目前机器没有出现故障，按照规定我们不能为您办理，请您谅解和合作。"

提示：当设备出现故障时，服务人员应主动悬挂故障标志，并及时上报维修。

3．当乘客使用自助售票设备出现卡票现象时

（1）服务人员应检查设备状态，如显示卡票，则按规定办理。

（2）如显示正常，服务人员应打开维修门进行查看，如确有卡票现象则应立即向乘客道歉："对不起，我们立即为您重新发售车票。"

（3）如打开维修门后，没有发现卡票现象，则服务人员应向乘客做好解释工作，必要时可以交给值班站长处理。

4．当发现售票亭处排队乘客过多时

（1）服务人员应面带微笑，主动进行宣传疏导："现在购票乘客较多，您可以使用自动售票机购票或充值。"

（2）服务人员应在征得乘客同意的前提下，引领乘客："您好，大家请跟我来。"

（3）服务人员应对乘客的配合表示感谢："谢谢大家的配合。"

四、监票服务

监票服务是指工作人员站在自动检票机（图 3-11）旁边，看乘客刷卡进出站，在进站时防止乘客一卡多人用，在出站时防止乘客逃票，当然更多的是为乘客提供服务，当乘客刷卡不能进出站时，给予帮助和服务。

检票口应根据一般客流需求设置相应数量的检票闸机，闸机间距应考虑乘客的平均身材及携带行李的大小。提前检票的时间应根据列车停靠时间、客流量以及一般乘客自检票进站至上车的走行时间来设定。应设置一个人工检票口，作为客流较大或部分闸机出现故障时，进行人工检票的通道。工作人员在检票过程中应注意为不会使用自动检票机的乘客提供帮助。当需要进行人工检票时，切记注意核对票面信息后加剪，避免发生误剪，导致乘客坐错车。并严格执行停检制度，保障乘客人身安全。

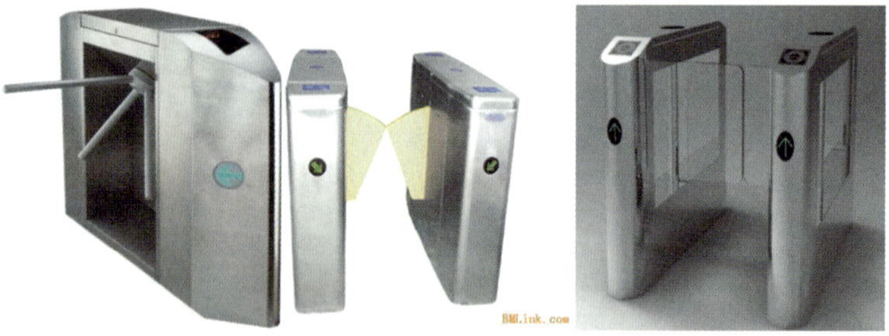

图 3-11　自动检票机

（一）监票服务的基本流程

监票服务的基本流程见表 3-9。

表 3-9　监票服务的基本流程

步骤	程序	内容
一	听看	（1）服务人员听闸机（自动检票机）提示音是否正确，看显示灯是否正确。 （2）如设备提示音或显示灯显示不正确，则应耐心向乘客解释："对不起，请您再刷一次。"
二	提示	服务人员提示乘客正确刷卡，按顺序进出站
三	引导	（1）服务人员引导刷卡成功的乘客迅速进站乘车。 （2）服务人员引导票卡异常的乘客去客服中心办理

（二）监票服务中常见的问题处理

1. 当乘客初次使用车票时

（1）服务人员耐心地告诉并指导乘客："请您在××区域刷卡，出站时票卡需要回收，请妥善保管，谢谢您的合作。"

（2）服务人员在必要时协助乘客使用票卡，注意不要影响其他乘客进出闸机。

2. 当乘客携带大件行李时

（1）服务人员礼貌地和乘客沟通，建议其使用直梯或走楼梯："您好，您的行李较多，为了您的安全，请使用直梯，谢谢您的配合。"

（2）服务人员引导乘客从地铁闸机最右侧的宽闸机进站。

3. 当发现成人、身高超过 1.4 米的儿童逃票或违规使用车票进站时

（1）服务人员应立即上前制止，并要求其到售票处买票："对不起，您孩子的身高超过了 1.4 米，请您买票，谢谢您的配合！"

（2）服务人员若发现违规使用车票的乘客，可按法制程序执行，必要时请公安人员配合。

（3）服务人员应该提醒带小孩的乘客注意安全，应礼貌地提醒乘客按照"儿童在前，成人在后"的原则刷卡通过闸机，或建议乘客抱起孩子进出闸机。

4. 当发现乘客刷卡正确，但刷卡无效时

（1）服务人员应主动了解情况，礼貌地向乘客询问是否已经刷过卡。

（2）如了解情况后，仍不能解决，服务人员需要安抚乘客："您别着急，我帮您查询一下。"

（3）服务人员引导乘客到客服中心或补票亭进行查询，礼貌地用手掌指示前往的方向。

（4）若情况许可，服务人员最好能陪同乘客前往解决问题，以免乘客重复提出问题和需要。

（5）服务人员在服务中应注意使用文明用语，如"请跟我来""请这边走""谢谢您的配合"等。

5. 当乘客出站卡票时

（1）服务人员应主动安抚乘客："对不起，我们马上为您解决。"

（2）服务人员查看闸机的状态，发现确实卡票，则按规定办理。

（3）找到车票后，向乘客询问该车票的信息，确认车票是否为该乘客的，并做好相应的解释和道歉工作。

（4）若车站计算机没有报警，打开闸机也没有找到车票，服务人员应要求自动售检票系统的维修人员到现场确认。如情况属实，服务人员应对乘客做好解释工作。

任务检查

表 3-10　站厅服务认知与操作——任务检查单

任务编号	3-2　　任务名称	站厅服务认知与操作	
序号	检查内容	是	否
1	遇到老人、儿童等需要帮助的乘客时，要帮助他们安全进出站		
2	当遇到乘客不能进出站的情况时，要礼貌地引导乘客到客服中心进行票卡的分析		
3	留意地面卫生，发现积水、垃圾、杂物等应及时通知保洁人员处理		
4	所有外交人员、政府首脑和普通旅客，不分男女，不分国籍和等级，都必须经过安全检查		
5	安检的基本流程是“一迎”“二唱”“三操作”“四告别”		
6	厅巡岗的工作人员除正常的巡视站厅、出入口等，不用肩负 TVM 引导服务		
7	服务人员耐心指导乘客如何使用自动售票设备，尽量让乘客自己操作，注意避免直接接触乘客财物，以免发生不必要的纠纷		
8	监票服务的基本流程是“一听看”“二提示”“三引导”		
9	当乘客出站卡票时，服务人员应主动安抚乘客：“对不起，我们马上为您解决。”		
10	当儿童身高超过 1.2 米时，服务人员应让乘客购票		

任务训练

1. 站厅服务的基本职责包括（　　）。
   A. 特别注意帮助老、弱、病、残等有困难的乘客
   B. 巡视车站自动售检票设备的运行情况
   C. 引导乘客正确操作票务设备
   D. 协助做好票箱、钱箱的更换或清点工作

2. 站厅服务的基本要求包括（　　）。
   A. 穿工作装，戴工作牌
   B. 精神饱满、思想集中
   C. 允许自己的朋友携带超长、刀具进站
   D. 负责站厅、出入口的客流组织工作
3. 安检禁止携带的物品包括（　　）。
   A. 枪支、械具类　　B. 爆炸物品类
   C. 管制刀具　　D. 易燃易爆物品、毒品
4. 厅巡岗作业标准是（　　）。
   A. 一问　　B. 二操　　C. 三引　　D. 四送
5. 监票服务的基本流程是（　　）。
   A. 问　　B. 听　　C. 看　　D. 提示

任务拓展

1. 查阅资料，安全检查禁止携带的其他物品，请做一个 PPT，汇报当你遇到乘客携带违禁品进站时该如何处理。

2. 假设你是服务员，你会如何引导乘客购票、提供服务，请做一个 PPT，做一个讲解。

任务三　站台服务认知与操作

任务描述

城市轨道交通车站站台是车站的重要组成部分。在早晚高峰时，站台上的来往乘客较多，如果稍有疏忽，就有可能发生安全事故，尤其是在乘客上下车时容易出现混乱，工作人员和乘客之间也可能发生纠纷。因此，站台服务需要将安全理念和服务技巧相结合。站

台服务主要包括乘客候车服务、乘客安全服务、重点乘客服务、乘客广播服务、乘客秩序维护等。

任务目标

- 能了解站台服务的基本职责与要求。
- 能熟练掌握乘客候车服务的方法。
- 能掌握乘客广播服务的标准。
- 能掌握站台岗、电扶梯引导岗作业标准。

任务学习

城市轨道交通站台（图 3-12、图 3-13）是乘客候车的场所，做好站台的服务是工作人员的基本职责。在站台服务时一定要注意乘客的安全，防止乘客受伤，还要给乘客做好指引，提供其他的信息服务，在遇到乘客之间、工作人员和乘客之间发生纠纷时，需要做好及时有效的沟通和劝解。

图 3-12　城市轨道交通车站站台（地下封闭式车站）

图 3-13　城市轨道交通车站站台（高架开放式车站）

一、站台服务的基本职责与要求

1．站台服务的基本职责

（1）执行相关规章制度，做到有令必行、有禁必止。

（2）注意站台乘客的候车动态。

（3）提醒乘客站在黄色安全线（图 3-14）以内候车，及时提醒特殊乘客注意安全。

图 3-14　站台候车处黄色安全线

（4）如果遇到残疾人，要将乘客送到电梯口，并通知其他工作人员在相应的电梯口等候，确保乘客的安全。

（5）车门或屏蔽门关门时，应确认其工作状况。若发现其未关好，应及时向综合控制室报告，并负责对出现的故障进行处理。

（6）帮助乘客，回答乘客问询。

（7）特别注意帮助老、弱、病、残等有困难的乘客上下车。

（8）负责站台设备的安全。

（9）防止乘客抢着上车，提醒乘客注意安全，安全第一。

（10）站台立岗时，应保持立正姿势，两手自然下垂，眼平视前方，监护乘客上下车情况，期间不得背手、手插口袋或把手搭在相关设备上，不得作出打哈欠或伸懒腰行为。

（11）需到站台操作站台门等设备时，应注意列车与站台的缝隙，防止踏空摔伤。站台作业时，严禁同时触碰列车及站台设备。

2．站台服务的基本要求

（1）站务人员必须佩戴工号牌，做到仪表整洁、仪容端庄。

（2）站务人员工作时，应精神饱满、思想集中，不准闲聊。

（3）站务人员应保持站台环境卫生，注意站台设备的工作状况，如发生故障，应及时维修，以免给乘客带来不便。

（4）站务人员应注意乘客安全，当发现个别乘客站在安全线以内时，应给予适当提醒。站务人员应协助乘客安全进出车厢，维持站台秩序，方便开关车门。

（5）站务人员应留意站台上乘客的需要，如看到乘客有困难（身体不适、行动不便等），应主动上前了解情况，并尽量提供帮助，必要时可以向其他同事求助。

（6）当遇到突发事件时，站务人员应能正确及时地进行站台广播。

3．站台服务的服装要求

（1）工作期间应统一穿着工作服，佩戴工号牌/工作证，佩戴标志要清洁平整，工号牌佩戴于衣服左口袋上方，工号牌的下边沿与衣服左口袋的口袋盖上沿齐平，工号牌的中心线与左边口袋纽扣的中心线对齐。

（2）工作证统一挂在胸前，佩戴工作证时，不得擅自改变工作证挂绳、证套的款式或用其他物品覆盖工作证，工作证上不得悬挂其他物品。

（3）着装要求：夏季上身穿短袖衬衫，第一颗领扣解开、佩戴员工证或工号牌；下身着夏装工作裤、劳保鞋。春、秋季上身外穿西装、内穿长袖衬衫，须系领带、佩戴员工证或工号牌；下身着秋装工作裤、劳保鞋。冬季上身外穿防寒服、内穿长袖衬衫，须系领带、佩戴员工证或工号牌；下身着冬装工作裤、劳保鞋。值乘时需统一使用公司配发手提包，包上不得悬挂夸张配件。

二、乘客候车服务

1．当乘客站在黄色安全线以外候车时

（1）站务人员应及时提醒乘客：“为了您的安全，请在黄色安全线以内候车。”

（2）如果乘客没有退后，站务人员应立即上前劝阻使其退到黄色安全线以内。

2．当乘客采用蹲姿候车时

（1）站务人员应及时上前了解情况，看乘客是否有身体不适的情况。

（2）如果没有，站务人员应提醒乘客：“为了您的安全，请勿蹲姿候车。”

3．当乘客身体不适时

（1）站务人员应主动上前询问情况，并指引乘客到候车椅上休息。

（2）如果情况严重，站务人员应通知车站综合控制室处理。

4．当乘客在站台上吸烟时

如发现乘客在站台上吸烟，站务人员应立即上前制止，并有礼貌地解释："对不起，为了大家的安全，车站内不允许吸烟，请您灭掉烟头，谢谢您的合作。"

5．当乘客企图冲进正在关门的列车时

如果发现有乘客企图冲进正在关门的列车，站务人员应上前阻止（避免和乘客有直接碰触）并有礼貌地提醒"请勿靠近车门，下次列车将于××分钟进站，请等候下班列车"。

6．当乘客在站台上逗留时

若发现有长时间逗留在站台不出站的乘客，站务人员应主动上前询问情况，避免出现逗留乘客跳轨等紧急情况。

三、乘客广播服务

当遇到特殊事件时，站务人员需要正确及时地进行站台广播。

1．语音广播

站务人员一般应尽量使用语音广播，并注意如下事项：

（1）广播是否清晰准确。

（2）音量是否过大或过小。

（3）广播是否适时地重复。

（4）广播是否在适当的地点播出。

2．人工广播

人工广播一般在应急或特殊情况下采用，并应注意以下事项：

（1）先提醒乘客注意。

（2）用简洁的语言告知乘客发生的具体事件。

（3）对给乘客带来的不便表示歉意。

（4）对乘客的配合表示感谢。

（5）语速适中，口齿清楚，语调清晰。

四、问询引导服务

在站台服务里有一项服务叫作问询引导服务，此项服务就是为乘客指路，在乘客

辨不清方向或不知道自己要乘坐哪条线路时，站务人员能为乘客及时提供帮助，从而节省乘客的乘车时间。

例如，有的乘客在候车时，会向站务人员提出这样的问题："请问到××坐哪个方向的车？""请问到××从哪个出口出站？"作为站务人员，一定不能表现出不耐烦，而应该耐心地、详细地进行解答。具体要求如下：

（1）用标准的引导手势指示方向。

在站务人员的日常工作中，很多时候都需要为乘客指路，为乘客指示方向时应注意以下几点：① 手臂要从腰边顺上来，五指并拢，打手势时切忌五指张开或表现出软绵绵的无力感。② 手臂伸直，高度应超过自己的胸部。③ 视线随手臂过去，很明确地告诉乘客正确的方位。④ 待乘客离去后，再将手臂收回。

（2）解答时使用敬语，如"您可以往××方向走"。

（3）当乘客表示感谢时，站务人员应该礼貌地回答"不用谢"或"这是我们应该做的"。

（4）如果对于乘客提出的问题，站务人员无法给出确切的答案时需要向乘客解释，并应该向乘客致歉："对不起，先生（女士），您说的这个地方我不太清楚，不过您可以到车站问讯处，让那儿的工作人员帮您查一下地图，您看好吗？"而不要直接回答"不知道"，或者传递一些误导性或错误的信息给乘客。必要时，站务人员可以画一张路线图，详细告诉乘客该去的地方的方位。

合理的引导可以帮助乘客简化在车站的乘车过程，缩短乘降时间。引导设施的设置必须人性化，简易易懂，引导设施应设置于满足乘客乘降的最佳线路上，达到乘客乘降便捷化、快速化。引导设施主要包括引导显示屏，即文字视频的动态显示、引导指示牌等。引导设施应该设置在乘客行走路线最醒目的位置，采用的引导语言、引导标识应简洁直观。乘客由于年龄、文化层次、语言的不同，可能存在对引导语言和引导标识理解的差异，所以必须配备相应的工作人员进行人工辅助引导。工作人员在引导过程中应注意自身手势和指示的正确性，并特别注重对老、弱、病、残、孕乘客的引导帮助，主动上前询问，确保乘客乘降安全。

五、电扶梯引导岗作业标准

进出站乘客到达电扶梯时，扶梯岗员工应面带微笑，站立在电扶梯旁，观察电扶梯的运行状态。使用标准引导语"搭乘扶梯的乘客，请靠右站稳，左侧通行，拉好扶手，注意安全"，加强安全宣传，若发现乘客摔倒，立即按压紧急停止按钮，并使用标准引导语"请抓紧扶手，电梯将紧停"。

六、站台岗作业标准

站台岗在站台负责站台安全，乘客上、下车引导，站台岗作业标准如表 3-11 所示。

表 3-11　站台岗作业标准

步骤	程序	使用时机	动作	用语
一	候	列车未到站，维持站台候车秩序时	站于滑动门中间，身体背向滑动门，面带微笑，双臂张开，斜指向两侧地面	“您好，请问到哪里”
二	引	列车到站开门后，引导乘客下车并劝阻乘客抢上	站于固定门的边缘，面向滑动门	“请乘客先下后上，注意安全，上车后请往车厢中部走，多谢合作”
三	挡	列车灯闪，即将关门，阻止乘客抢上	站于滑动门旁，面向屏蔽门，可监视其余屏蔽门状态，单手臂伸直做拦截状，手掌与地面垂直	“请您耐心等待一下”

在城市轨道交通中，不管是乘客服务中心、站厅还是站台服务，服务期间服务人员必须注意以下几个方面。

（一）须秉承积极的服务态度

态度是心灵的表白，一般来说，你对别人是什么态度，别人对你也会是什么态度。服务人员对乘客秉承积极的服务态度时要做到以下三点：

1．精神饱满

服务人员为乘客提供的服务属于情感劳动，它虽然不像体力劳动那样会耗费大量的体力，但服务人员无精打采、疲惫、沮丧、不高兴、没耐心等都会降低其在乘客心目中的服务形象。

2．友善耐心

乘客希望得到友善的服务，期待礼貌、尊重与关心。不友善的态度及缺乏耐心的举动，很容易激怒乘客，它相对于其他问题引发的后果更严重。因此，服务人员应该友善耐心地对待每一位乘客，提高乘客的满意度。

3．主动热情

在车站环境中，工作人员的角色是服务者，乘客的角色是享受者，乘客希望自己被重视，如果工作人员能够多关心乘客，把乘客的困难当成自己的困难，随时乐意为乘客提供帮助，那么乘客的满意度也会大大提高。

（二）了解乘客需求

城市轨道交通服务的对象是乘客。客运服务人员只有了解乘客的需求，才能有的放矢地做好服务工作。了解乘客的需求不仅可以提高服务人员对服务工作的预见性，而且有利于服务人员主动为乘客提供服务。

1. 安全的需求

安全是乘客各种需要的基础，也是做好服务工作的一个重要前提。客运服务人员要时刻留意乘客的动态，及时发现不安全的因素；对乘客不安全的行为给予必要的提醒和劝阻，积极防止因各种原因造成的乘客摔伤、压伤、挤伤等事故的发生。在劝阻过程中，客运服务人员应充分照顾到乘客的情感需求，要礼貌、耐心而不是呵斥、埋怨。

2. 快速乘车的需求

乘客选择地铁作为出行工具在很大程度上取决于地铁快捷、准点的特性。如果乘客在进站、安检、购票、候车和出站过程中都要等待很长的时间，那么势必会影响乘客的出行计划，造成乘客不满。因此，服务人员应该不断地提高自己的业务水平，加快作业速度。尤其在客流高峰期，服务人员要充分理解乘客的心情，适当地安抚乘客。

3. 被重视的需求

乘客是城市轨道交通的服务对象，是付款购买地铁服务的服务对象，他们在乘车过程中难免会遇到这样或那样的问题，当他们向服务人员寻求帮助和服务时，服务人员应该多微笑、多体谅、多耐心地为乘客提供帮助，让乘客有被重视的感觉，切忌语言冷淡、爱答不理。

4. 被尊重的需求

城市轨道交通作为城市客运的主体之一，为各种职业的城市居民和流动人口提供了便利服务。由于乘客的自我修养、脾气性格、身体状态和基本素质都有很大的差异，因此在乘车过程中违规情况（如逃票、小孩超高等）难免会有，虽然乘客有错，但服务人员在处理违规情况时要充分考虑乘客的自尊心，耐心地向乘客解释，要尊重乘客而不是挖苦和训斥乘客。

（三）避免乘客纠纷

在城市轨道交通迅速发展的今天，服务人员需要适应客运新形势的要求，提升服务水平，避免与乘客发生纠纷。

避免与乘客发生纠纷的主要方法有以下六种：

（1）唱收唱付法。当乘客购票时，为了避免争执，服务人员要严格执行唱收唱付的票务制度，避免出现票款纠纷。

（2）微笑服务法。微笑可以加强服务效果，在无形中减少很多问题的出现。

（3）和风细雨法。当遇到抱怨时，服务人员不要与乘客争辩，应主动查找不足，妥善处理。

（4）快速处理法。服务人员应重视乘客的抱怨，快速处理，满足乘客需求。

（5）换位思考法。矛盾的产生往往是因为双方互不理解，服务人员需要多进行换位思考，更好地了解乘客的需求和情感。

（6）意见分析法。乘客的意见是改善服务的最大动力，服务人员对乘客的意见要虚心接受，多分析、多改造。

（四）化解乘客矛盾

服务人员在化解乘客矛盾时应注意以下三点：

（1）处处为乘客着想。在客运服务过程中，服务人员在任何时候都要维护乘客的面子，不要伤害乘客的自尊，不要同乘客争辩是非曲直，要耐心解释，宽容对待，争取最好的效果。

（2）不计较乘客态度。服务人员要时时保持谦恭有礼，表现出冷静、耐心，运用语言艺术引导、劝诫、说服乘客，将矛盾化解于萌芽状态。

（3）主动承担责任。当遇到乘客不满时，服务人员要学会说“对不起”，很多时候，一句道歉的话就能平息乘客的不满。

任务检查

表 3-12　站台服务认知与操作——任务检查单

任务编号	3-3	任务名称	站台服务认知与操作
序号	检查内容	是	否
1	注意站台乘客的候车动态		
2	提醒乘客站在黄色安全线以内候车，及时提醒特殊乘客注意安全		
3	如果遇到残疾人，只需要提醒乘客注意安全		
4	当遇到突发事件时，站务人员应能正确及时地进行站台广播		
5	站务人员工作时，应精神饱满、思想集中，不准闲聊		
6	当乘客身体不适时，站务人员应主动上前询问情况，并指引乘客到候车椅上休息		
7	当遇到特殊事件时，站务人员需要正确及时地进行站台广播		
8	乘客广播服务包括语音广播和人工广播		
9	在站台服务里没有一项服务叫作问询引导服务，只有在站厅才有		
10	进出站乘客到达电扶梯时，扶梯岗员工应面带微笑		

任务训练

1. 站台服务的基本职责包括（　　）。

   A. 负责站台设备的安全

   B. 防止乘客抢着上车，提醒乘客注意安全，安全第一

   C. 特别注意帮助老、弱、病、残等有困难的乘客上下车

   D. 引导乘客购票服务

2. 站台服务的基本要求包括（　　）。

   A. 穿工作装，戴工作牌

   B. 精神饱满、思想集中

   C. 当遇到突发事件时，站务人员应能正确及时地进行站台广播

   D. 负责出入口的客流组织工作

3. 乘客候车服务会遇到哪些情况？（　　）

   A. 乘客站在黄色安全线以外候车

   B. 通过自动检票机进站

   C. 当乘客采用蹲姿候车

   D. 乘客企图冲进正在关门的列车

4. 语音广播注意事项包括（　　）。

   A. 广播是否清晰准确

   B. 音量是否过大或过小

   C. 广播是否适时地重复

   D. 语速适中，口齿清楚，语调清晰

5. 站台岗作业标准包括（　　）。

   A. 问　　B. 候　　C. 引　　D. 挡

任务拓展

1. 情景模拟，假设你是站务员，此时此刻，你的工作岗位是站台，设想你遇到如下问题，找到解决方法。比如遇到乘客抢车上车，或乘客不站在规定位置候车，或者遇到特殊乘客，你该怎么做？

任务四　列车司机服务认知与操作

任务描述

城市轨道交通列车司机是城市轨道交通运营的一线人员，工作中的一言一行代表着城市轨道交通运营企业的形象。因此，列车司机需要在仪容仪表、着装、行为举止等方面严格要求自己，提升服务质量。城市轨道交通司机服务于乘客，因此必须规范列车司机的作业流程，确保列车安全运行。

任务目标

- 掌握城市轨道交通列车司机的仪容仪表要求、着装要求和行为举止要求。
- 能够按照相关规定解决城市轨道交通列车服务中的常见问题。
- 列车上发生特殊情况时，能够运用列车广播及时宣传和引导。

任务学习

城市轨道交通车站中站务员、票务员等岗位与乘客接触较多，服务较多，除了客运的这些岗位直接服务乘客，司机的服务也是很重要的，所以在城市轨道交通中，也必须掌握列车司机服务的基本内容。

一、列车司机服务的职责与要求

1. 列车司机服务的基本职责

（1）执行各项规章制度、安全规定和有关的行车命令，按照时刻表安全、可靠、高效地完成运营任务。

（2）严格按照作业标准作业，服从运转室值班员和正线值班员及行车调度员的工作安排。

（3）驾驶列车时保持最高警觉，随时处理可能出现的列车、设备和其他事故。

（4）驾驶列车时及时处理车厢内乘客的紧急情况。

（5）严格执行各项规章、作业标准，服从命令、听从指挥，确保列车运行安全、准点、快捷、舒适。

（6）行车中认真确认行车凭证，彻底瞭望前方线路，遵守各项限制速度规定，发现危及行车及人身安全时，立即采取紧急措施，确保行车和人身安全。

（7）认真确认并严格执行调度命令，仔细确认限界、信号、进路、道岔，确保行车作业安全。

（8）加强自身业务和理论知识学习，不断提高自身业务素质。

（9）遇车辆故障和突发事件时，按要求做到安全、准确、快速、果断进行处置，有效降低对列车运行组织产生影响。

（10）严格执行标准化作业，引导、监督学习司机或行车相关人员按章作业，确保学习司机的培带质量和作业安全。

（11）遇交路交换、车辆故障等突发情况时，要有高尚的职业道德，严格服从轮乘管理和调度安排，确保正线运营秩序。

（12）认真监听或使用列车广播，做到正确无误报站，值乘中严禁关闭广播监听。

（13）电动列车司机应及时学习相关文件，掌握文件内容。

（14）必须严格遵守劳动纪律，按规定的时间和指定的地点出勤，不得迟到、早退。

（15）对于不能按规定时间到达指定地点出勤的，应提前 30 分钟电话报告值班人员及车队长，并听从安排。

（16）当班期间应主动接受各级管理人员的检查和监督，对发现的问题应虚心接受并改正。

2．列车司机服务的岗位职责

① 必须严格按图行车，维护运行秩序，坚守工作岗位，不得擅离职守；待乘期间，不得擅自外出。

② 不得私自换班、调班。若必须换班，应提前办理换班申请手续。

③ 若请假，应符合相关规定及流程，严格执行公司相关请销假制度。

④ 司机随身物品按各运营公司规定位置统一放置。

⑤ 出勤前，应关闭手机，并主动接受值班员的检查，退勤后方可开启手机。应急情况时，可开启手机进行取证或应急联络。

⑥ 必须牢记“安全、准点、快捷、舒适”的运输宗旨。认真学习、执行和携带相关规章、手册。

⑦ 必须熟练掌握列车的构造、作用和性能，熟悉线路、信号和站场设施。

⑧ 严格按照要求规范使用相关行车设备，爱护设备，合理操作，精心驾驶。

⑨ 严格遵守各项规章制度、命令和速度规定，正确执行“手指呼唤”及各项操作程序，确保列车运行安全。

⑩ 行车调度/车场调度发布调度命令时，受令司机必须认真逐句复诵，清楚命令内容。

⑪ 值乘期间，遇行车相关事件时，须及时填写故障报单及事件单。

⑫ 值乘前必须充分休息，保证精力充沛，出勤前 12 小时严禁饮酒或服用影响精神的药物。

⑬ 车队长全面负责车队安全生产、业务技能培训、人员思想动态、救援抢险等相关管理工作。

3．列车司机服务的基本要求

（1）应严格执行着装要求：统一穿着工作服（图 3-15、图 3-16）、绝缘鞋，戴手套。按规定佩戴肩章、工号牌等。

（2）应保持衣着整洁、大方，自然、得体，不卷裤挽袖。不得佩戴夸张首饰、烫染头发。男性发不过耳、不得留长发、留胡须、剃光头；女性不得浓妆艳抹，需将长发束于头花内，不得披头散发。

（3）立岗要求：挺胸收腹，两脚跟并拢，脚尖分开 60 度，双手呈自然状态放置。敬礼要求：右手迅速抬起至眉尖处，五指并拢，手心向下，向外倾斜 15 度。

（4）回答乘客询问或人工广播时，使用普通话，语言文明，态度和蔼。

图 3-15　夏、冬季司机工作服规范着装

图 3-16　春、秋季司机工作服规范着装

（5）遇乘客上前咨询时，应礼貌予以回应，如对情况不清楚或不方便回答时，应建议乘客向站台工作人员寻求帮助。

（6）进入客室处理故障时，如受到乘客影响和需要乘客协助，应礼貌地请乘客予以配合。不得与乘客发生言语或肢体上的冲突。

（7）身着工作服乘车期间严禁坐于客室座椅。

（8）在值乘中或在站台、站厅等公共区域注意言行举止，不准大声喧哗或嬉笑打闹、吃零食、玩手机等。

（9）值乘时保持驾驶室内整洁，不准在驾驶室内吃东西、吸烟、看书、打瞌睡、玩手机及做其他与工作无关的事情。驾驶室内有人员添乘时，不准与其闲谈、嬉笑。

4．列车司机行为举止要求

行为举止不仅可以展现自身的精神面貌，更能体现对他人的尊重程度。作为地铁服务岗位的列车司机，对其行为举止自然有更高的要求，具体要求见表 3-13。

表 3-13　列车司机行为举止要求

分类	基本要求	常见错误
站姿	1. 上身挺胸收腹，头正目平，双肩平齐，双手自然下垂或体前轻握，下身应保持双腿直立； 2. 女士站立时，双脚成“V”字形或“丁”字形，双手相握叠放于腹前或双手下垂放于裤缝边；男士站立时，两脚并拢或分开与肩同宽，双手下垂放于裤缝边或叠放于腹前或背后； 3. 站累时，脚可后撤半步，但上身仍须保持垂直，身体重心在两腿正中，精神饱满，表情自然	1. 叉腰、抱膀、抖腿或把手插在衣袋内； 2. 站立时依靠在墙或其他物体上； 3. 不礼貌的小动作，玩衣带、头发，咬指甲等

续表

分类	基本要求	常见错误
坐姿	1. 上身自然挺直，两臂屈曲放在双膝上； 2. 驾驶室内，目光正视前方，身体挺直，两腿自然弯曲	1. 用手托腮，侧身斜靠桌子； 2. 前俯后仰，把腿放在椅子上
行姿	1. 上身正直，挺胸收腹，两肩自然放松，双臂自然摆动； 2. 与乘客相遇时，应主动点头示意并侧身避让	1. 大摇大摆、勾肩搭背； 2. 嬉戏打闹、左顾右盼
手势	1. 为乘客指引时，手掌稍微倾斜，掌心向上，五指并拢，前臂自然上抬，用手掌指路； 2. 手指呼唤：用食指指向相应设备，并呼唤相应指令	1. 五指分开； 2. 用手指指点乘客
目光	1. 与乘客交谈或传递物品时，应坦然亲切。双眼正视乘客； 2. 与乘客视线接触时，应点头微笑表示尊敬	1. 俯视乘客； 2. 注视乘客时，总是盯着一个部位

5. 列车司机纪律要求

随着地铁列车性能的不断优化，现阶段越来越多的运营企业逐渐采用单司机制度（即驾驶室内只有一个司机驾驶，不安排副司机和助理司机），这对司机的要求更为严格。列车司机基本纪律要求见表 3-14。

表 3-14 列车司机基本纪律要求

程序	内容
上班前	1. 保证充足的睡眠和良好的精神状态； 2. 不可在酒后和药物影响下工作； 3. 按规定穿着制服并检查相关行车备品，认真阅读相关文件
列车开启前	对列车进行专业的检查
列车驾驶过程中	1. 坐姿正确，目光要向前； 2. 遵守司机守则，专注驾驶列车，不准接打私人电话； 3. 经常留意路轨和车厢内发生的事情，当乘客有不当行为时，要进行广播劝阻，必要时，应及时上报，以免骚扰或危害到其他乘客； 4. 及时发现任何潜在的危险，并上报有关部门进行处理
换班	检查自己的仪表，注意提工具包的姿势

二、列车司机服务的常见问题处理

1. 在驾驶过程中，被乘客拍打驾驶室时

（1）不要打开驾驶室车门，不要与乘客隔着驾驶室对话。

（2）通过闭路电视观察车厢内有无异常情况。

（3）通知运营控制中心安排站务人员在下一站进行处理。

（4）通过广播安抚乘客："不好意思，我是本次列车司机，×××（名字），事情已经通知上级，因列车正在行驶中，请稍候，到站后会有工作人员过来帮助您进行处理，谢谢您的配合。"

2．在驾驶过程中，从闭路电视中看到乘客在车厢内抢座、打架等冲突时

（1）继续驾驶列车，通过广播进行宣传："尊敬的乘客您好，列车正在行驶中，为了您和他人的安全，请您不要在车厢内×××，谢谢您的合作。"

（2）通过闭路电视观察车厢内情况，如有需要，通知运营控制中心安排站务人员在下一站进行处理。

（3）切忌让事情继续扩大，引起恐慌。

3．当车内乘客报警装置被启动时

（1）了解乘客的情况："乘客您好，我是本次列车的司机，请问有什么可以帮到您。"

（2）注意在通话过程中要表明自己的身份，向乘客了解信息（发生什么事情，具体位置，情况严重性，是否可以到下一站进行处理等），必要时上报相关部门。

（3）安抚乘客："乘客您好，我已清楚您的信息，已经通知运营控制中心，请稍候，列车进站后将有站务人员帮助您进行处理。"

4．发现车厢内有人乞讨时

城市轨道交通设施范围内是禁止乞讨的。因为乞讨卖艺人员对轨道交通安全运营有一定的危害。一方面，车站、车厢是密集场所，空间狭小，乞讨卖艺妨碍乘客流动和安全疏散，影响轨道交通运营秩序；另一方面，车站、车厢属于公共场所，乞讨卖艺人员影响乘客的乘车舒适度和感受，特别是一些乞讨人员拽乘客裤腿、跪地磕头、播放高音喇叭等强行乞讨的方式，严重干扰了车内秩序。作为列车司机看见有乞讨人员时，应利用广播进行宣传引导，如果乞讨者严重干扰了车内秩序或影响到乘客，司机可以通知运营控制中心安排车站工作人员在下一站进行处理。

5．当遇到异常情况，需要紧急停车时

及时广播通知乘客紧握扶手，避免乘客碰撞跌倒造成损伤。

6．当列车因事故需要停下一段时间时

列车司机应尽早做出乘客广播，说明原因，得到乘客的谅解。

三、列车人工广播

列车司机是列车信息发布的执行者，负责在事件过程中向乘客发布信息，接收运营控制中心信息。列车信息的发布规范如下：

（1）必须根据实际需要选择适当的播放时机，准确地播放内容。

（2）要按照规定的区域和次数来播放广播内容。

（3）在有自动广播内容的情形下，严禁用人工广播。

（4）人工广播时，驾驶室人员不得喧哗、大声说笑。

（5）人工广播时，要使用普通话，语调要平稳圆润、音量适中、读音准确、声音清亮。

1. 列车故障下的广播

（1）临时停车持续的情况。

尊敬的各位乘客，供电（信号、列车、轨道）故障正在加紧抢修，预计需××分钟可恢复行车。不便之处，敬请原谅。

（2）列车清客到站广播。

各位乘客请注意，由于供电（信号、列车、轨道）故障，本次列车将退出服务，全体乘客请下车，对给您带来的不便，我们深表歉意。

2. 列车发生危险需要紧急疏散

（1）两端疏散。

各位乘客请注意，由于发生险情，请不要惊慌，依照指示进入驾驶室并打开疏散门离开列车，步行前往车站，请注意安全。

（2）列车发生险情需要后端疏散。

各位乘客请注意，由于发生险情，请不要惊慌，依照指示进入列车尾部驾驶室并打开疏散门离开列车，步行前往车站，请注意安全。

（3）列车发生险情需要前端疏散。

各位乘客请注意，由于发生险情，请不要惊慌，依照指示进入列车头部驾驶室并打开疏散门离开列车，步行前往车站，请注意安全。

3. 车站发生异常情况

（1）临时停车。

各位乘客请注意，由于××站发生险情，现在实行临时停车，不便之处，敬请原谅。

（2）列车清客。

各位乘客请注意，由于××站发生险情，请全体乘客在××站下车，不便之处，敬请原谅。

（3）不停站通过。

各位乘客请注意，由于发生险情，本次列车将不停站通过××站，请到××站的乘客提前下车，不便之处，敬请原谅。

当出现自动广播故障、列车临时停车或故障处理、列车紧急停车、列车救援、车门故障、发生险情立即处理或疏散、高峰引导或大客流情况的时候，只能司机人工广播，如果司机慌乱，不能广播清楚，就会造成乘客的不安，间接降低服务质量。因为城市不同，根据公司规定，人工广播的内容有所差异。下面以重庆轨道交通广播举例，紧急广播词如表 3-15 所示。

表 3-15　应急广播词

序号	广播目录		广播内容	服务要求
1	自动广播故障	大/小交路发车	乘客们，本次列车终点站×××站，前方列站×××站，请在×××站下车的乘客提前做下车准备	列车出站后报
		区间到站	乘客们！×××站到了，请到×××站的乘客下车	
		小交路到达	乘客们请注意，前方到站是本次列车的终点站，请大家做好下车准备，有到其他站的乘客请下车乘坐下一次列车。谢谢您的配合	
		小交路清客	乘客们请注意，终点站到了，请大家全部下车，谢谢您的配合	
		列车在站内持续停车广播（停车31秒以上）	乘客们请注意，由于前方列车未出站，现在是临时停车，我们将尽快恢复运营，谢谢合作	间隔 2 分钟播报一次
		列车在站内故障持续停车广播（停车31秒以上）	乘客们请注意，由于设备故障，现在是临时停车，我们将尽快恢复运营，谢谢合作！	间隔 2 分钟播报一次
2	列车临时停车或故障处理	区间临时停车广播（停车2分钟以上）	乘客们，现在是临时停车，请您耐心等待，我们将尽快恢复运行，谢谢你的配合	间隔 2 分钟播报一次
		故障清客	乘客们请注意，本次列车因故障不能继续运行，请大家全部下车，改乘下一次列车。谢谢您的配合	站内清客，播报 2 次
3	列车紧急停车		乘客们，由于前方线路有障碍物侵入轨行区，列车采取了紧急停车措施，给您带来的不便，我们深表歉意	播报 1 次后停止

续表

序号	广播目录		广播内容	服务要求
4	列车救援	列车需担任“救援任务”清客	乘客们请注意，由于本次列车需执行临时任务，请大家全部下车，改乘下一次列车。谢谢您的配合	站内清客，播报2次
		前方疏散	乘客们，由于列车不能继续运行，需要进行紧急疏散，请前往列车前进方向的头部，有序地通过前端驾驶室内的疏散门，通过疏散门时请不要在疏散门上跳动和奔跑，请照顾好身边的老人和小孩，我们会保障您的安全	疏散人员前
		后方疏散	乘客们，由于列车不能继续运行，需要进行紧急疏散，请前往列车前进方向的尾部，有序地通过后端驾驶室内的疏散门，通过疏散门时请不要在疏散门上跳动和奔跑，请照顾好身边的老人和小孩，我们会保障您的安全	疏散人员前
		救援车安抚乘客	乘客们，请大家依次分散到座位上坐好，不要拥挤，请照顾好身边的老人和小孩，我们会保证您的安全，谢谢您的配合	乘客进入数援车后
5	车门故障	全部站台门打不开	乘客们，因站台门不能自动打开，请按工作人员引导下车，给您带来的不便敬请谅解，谢谢您的合作	清客前
		车门区间发生故障	乘客们请注意，由于列车车门发生故障，请勿靠近车门，以免发生危险。列车进站后将有工作人员前来处理，谢谢您的合作	动车前
6	发生险情立即处理或疏散	车厢火警广播	乘客们，车厢内发生火情，请远离火源，转移至没有火情的车厢，会使用灭火器的乘客请取出座位底下的灭火器或就近灭火器扑灭火源，请勿触动车上其他设备，列车即将到站，将有工作人员前来处理	发生后立即广播
		列车站内疏散	乘客们，由于列车发生险情，请乘客们全部下车，听从工作人员的指引，迅速离开车站	连续播放直至清客疏散完毕

续表

序号	广播目录		广播内容	服务要求
6	发生险情立即处理或疏散	前方车站发生险情	乘客们，由于前方车站发生险情，请全体乘客在此站下车，给您出行带来不便，我们深表歉意	连续播放直至清客疏散完毕
		不停站通过	乘客们，由于运营组织需要，本次列车将不在××站停靠，需在该站下车的乘客，请在其他站下车后与工作人员联系，给您出行带来不便，我们深表歉意	列车在前一个站动车前播放一次
		前方不停站	乘客们！本次列车不在前方站停靠，需在前方站下车的乘客，请在其他站下车换乘其他列车，给您带来不便，我们深表歉意	间隔 10 秒播报一次，连续播报
7	高峰引导或大客流		各位乘客，由于客流量较大，车门处拥挤，请乘客们先下后上，上车的乘客请往车厢里面走	间隔 5 秒播报 1 次，连续播报 3 次

任务检查

表 3-16　列车司机服务认知与操作——任务检查单

任务编号	3-4	任务名称	列车司机服务认知与操作	
序号	检查内容		是	否
1	驾驶列车时，及时处理车厢内乘客紧急情况			
2	列车司机手指呼唤要求：用食指指向相应设备，并呼唤相应指令			
3	司机在值乘中或在站台、站厅等公共区域注意言行举止，不准大声喧哗或嬉笑打闹、吃零食、玩手机			
4	若必须换班，应提前办理换班申请手续			
5	必须熟练掌握列车的构造、作用和性能，熟悉线路、信号和站场设施			
6	身着工作服乘车期间严禁坐于客室座椅			
7	要认真确认并严格执行调度命令			
8	值乘时保持驾驶室内整洁不准在驾驶室内吃东西、吸烟、看书、打瞌睡、玩手机及做其他与工作无关的事情			
9	遇车辆故障和突发事件时，按要求做到安全、准确、快速、果断进行处置，有效降低对列车运行组织产生影响			
10	城市轨道交通驾驶列车司机应时刻保持最高警觉，随时处理可能出现的列车、设备和其他事故			

任务训练

1. 列车司机服务的基本职责包括（　　）。
   A. 严格执行各项规章、作业标准，服从命令、听从指挥
   B. 行车中认真确认行车凭证，彻底瞭望前方线路
   C. 认真监听或使用列车广播，做到正确无误报站，值乘中严禁关闭广播监听
   D. 按规定的时间和指定的地点出勤，不得迟到、早退
2. 列车司机服务的岗位职责包括（　　）。
   A. 严格按图行车，维护运行秩序
   B. 司机随身物品按各运营公司规定位置统一放置
   C. 行车调度/车场调度发布调度命令时，受令司机必须认真逐句复诵，清楚命令内容
   D. 值乘期间，遇发生行车相关事件时，须及时填写故障报单及事件单
3. 列车司机服务的基本要求包括（　　）。
   A. 统一穿着工作服、绝缘鞋，戴手套
   B. 衣着整洁、大方，自然、得体
   C. 立岗要求：挺胸收腹，两脚跟并拢，脚尖分开 60 度
   D. 敬礼要求：右手迅速抬起至眉尖处，五指并拢，手心向下，向外倾斜 30 度
4. 车站发生异常情况包括（　　）。
   A. 临时停车　　　　B. 列车清客
   C. 不停站通过　　　D. 以上选项都不对
5. 列车人工广播包括（　　）。
   A. 广播必须根据实际需要选择适当的播放时机，准确地播放内容
   B. 广播内容要按照规定的区域和次数来播放
   C. 在有自动广播内容的情形下，严禁用人工广播
   D. 人工广播时，驾驶室人员不得喧哗、大声说笑

任务拓展

1. 熟悉紧急广播词，假设你是城市轨道交通列车司机，当自动广播出现问题时，你该如何广播？请采用录音或者录视频的形式完成。

2. 简述列车司机服务常见问题处理的方法，情景模拟，假设你是司机，你该如何解决这些问题呢？

任务五　车站维修人员服务认知与操作

任务描述

城市轨道交通车站服务，不仅有客运服务、列车司机服务，还包括车站维修人员服务。当车站设备需要维修的时候，维修人员应按照规定维修，确保乘客的安全，不能影响乘客正常的购票、乘车等。

任务目标

- 掌握车站维修人员服务的岗位职责和要求。
- 能够按照相关规定解决车站维修人员常见问题的处理。

任务学习

城市轨道交通车站中站务员、票务员等岗位与乘客接触较多，服务较多，除了客运的这些岗位直接服务乘客，车站维修人员的服务也是很重要的，所以在城市轨道交通中，也必须掌握车站维修人员服务的基本内容。

一、车站维修人员服务的职责与要求

（一）车站维修人员的基本职责

（1）维修值班人员处理设备故障必须认真执行“三不动”“三不离”等基本安全规章制度。

（2）维修值班人员应对故障报修做好详细记录，并建立完成相应工单。

（3）设备故障处执行分级处理，维修值班人员应根据报修的紧急程度故障的应急处理工作。

（4）故障处理时，维修人员应在车控室、信号楼或控制中心做好登消记，在取得相关值班人员同意的情况下，方可进行处理。此外，在车站进行处理故障时，维修人员应视故障处理的影响范围告知行车调度，取得行车调度同意后方可进行。

（5）故障处理完毕后清理好现场，进行彻底测试和试验，在测试和试验良好后，待设备恢复正常使用后方可离开现场，并做好消记。

（6）根据上级下达的命令完成施工作业。

（7）认真执行相关规章、制度、作业标准，具备妥善处理突发事件的能力。

（8）执行相关规章制度，做到有令必行、有禁必止。

（二）车站维修人员的岗位职责

（1）值班人员必须坚守岗位，不得擅自离岗。

（2）认真填写值班日志，按时交接班，禁止信用交接、电话交接。

（3）按规程规章规定进行设备巡视、测试和记录，各项记录真实、齐全。

（4）认真记录好设备使用状态，记录好工具仪表、图纸资料、备品等的使用、借用、损坏情况，记录好相关通话记录并及时传达，记录好待处理及遗留问题。

（5）接到设备故障报修时，应立即前往处理；设备故障恢复后应记录好故障通报人，故障发生时间及恢复时间，故障设备地点、名称、原因及处理情况，并向车间生产调度汇报处理结果及原因。

（6）认真执行当天的维护维修计划，并完善相关记录和工单。

（7）每天对沿线车站重要用户询问设备运用情况。

（8）每天对值班处设备室、值班室进行清扫，保持室内整洁。

（9）值班人员因特殊情况需要调班时，必须事前报请工班长同意。

（10）接电话时应报“你好，××值班室”。

（三）车站维修人员的基本要求

（1）以乘客的安全为大前提，维修时，车站维修人员应尽可能将工作范围缩小，避免影响乘客的出行及其他设施的正常运行，必要时应设置围栏。

（2）在维修过程中，车站维修人员应在故障设备旁边放置提示牌，提示该设备发生故障。

（3）在搬运维修设备时，车站维修人员应避让乘客，并且避免在地面上拖拉设备。

（4）在维修完成后，车站维修人员应及时清理杂物，保持车站清洁。

（5）车站维修人员应注意个人仪表及谈话声音，不得聚集在一起闲谈。

（6）维修工班执行昼夜值班制度，车站维修人员应掌握安全生产和设备运用状态，做到信息畅通，反应迅速，及时指挥处理设备故障。

二、车站维修人员仪容仪表要求

在城市轨道交通中，每一个工作岗位、每一项工作的服务时时刻刻代表着企业的形象。在城市轨道交通中，不仅仅对司机、站务员有仪容仪表方面的要求，对车站维修人员同样也有要求。车站维修人员为乘客服务贡献了自己的力量，他们的功劳也是不言而喻的。车站维修人员仪容仪表要求见表 3-17。

表 3-17　车站维修人员仪容仪表要求

分类	基本要求	常见问题
发型	1. 整齐利落、清洁清爽； 2. 长发的女性需盘成发髻，用发卡或发网别于脑后，不得过肩，短发女性需将鬓角头发用发卡别于耳后； 3. 男性两侧鬓角不超过耳垂底部，前面不遮盖眼睛，后面不超过衬衣领底线	1. 头发凌乱，染发过度明显、夸张； 2. 留怪异发型； 3. 男员工留长发或剃光头
面容	1. 女性上岗应着淡妆，保持清洁的仪容，避免使用味道浓烈的化妆品； 2. 男性应保持脸面洁净，不可留胡须； 3. 适时保持亲切的笑容	1. 化浓妆或怪异妆； 2. 男员工留胡须
口腔	1. 保持牙齿、口腔清洁； 2. 定期除掉牙齿上的尼古丁痕迹； 3. 去除吸烟过多而引起的口腔异味	工作前食用葱、蒜、韭菜等带有刺激性气味的食物
指甲	1. 保持手和指甲清洁无污垢； 2. 不得涂彩色的指甲油	1. 指甲过长； 2. 使用指甲装饰品
配饰	1. 可以佩戴的配饰有：风格简约的手表、婚戒（戒指不可过宽）、一对耳钉（女士）； 2. 佩戴纯色镜架和无色镜片眼镜； 3. 饰品应自然大方，不可过度明显夸张	1. 佩戴过分夸张和闪耀的饰物； 2. 男员工佩戴耳部饰物

三、车站维修人员常见问题的处理

车站维修人员常见问题的处理方法有以下四种：

（1）当有乘客想通过故障区域时，车站维修人员应耐心向乘客解释：“对不起，请绕行，我们正在维修设备。”

（2）当乘客要使用故障设备时，车站维修人员应该给予提醒：“对不起，我们正在维修，请您使用其他设备。”

（3）当维修过程中遇到有乘客问询时，车站维修人员应耐心回答，需要时可以请求其他同事帮忙或指示乘客前往适当的查询地点。

（4）当维修过程中遇到突发事件时，如乘客乘自动扶梯摔倒，车站维修人员应主动上前了解情况，尽量提供帮助，并及时通知值班站长安排其他员工进行处理。

任务检查

表 3-18　车站维修人员服务认知与操作——任务检查单

任务编号	3-5	任务名称	车站维修人员服务认知与操作
序号	检查内容	是	否
1	车站维修员待设备恢复正常使用后方可离开现场，离开时要消记		
2	值班人员因特殊情况需要调班时，必须事前报请工班长同意		
3	维修工班执行昼夜值班制度，掌握安全生产和设备运用状态，做到信息畅通，反应迅速，及时指挥处理设备故障		
4	故障处理时，维修人员应在车控室、信号楼或控制中心做好登消记，在取得相关值班人员同意的情况下，方可进行处理。此外，在车站进行处理故障时，维修人员应视故障处理的影响范围告知行车调度，取得行车调度同意后方可进行		
5	车站维修人员执行相关规章制度，做到有令必行、有禁必止		
6	车站维修人员记录好相关通话记录并及时传达，记录好待处理及遗留问题		
7	每天对值班处设备室、值班室进行清扫，保持室内整洁		
8	车站维修人员可以佩戴纯色镜架和无色镜片眼镜		
9	车站维修人员应注意个人仪表及谈话声音，不得聚集在一起闲谈		
10	车站维修人员可以涂彩色的指甲油，只要颜色浅一点就好		

任务训练

1. 车站维修人员的基本职责是（　　）。

　A. 维修人员应在车控室、信号楼或控制中心做好登消记

　B. 根据上级下达的命令完成施工作业

C. 维修值班人员应对故障报修做好详细记录

D. 维修值班人员处理设备故障必须认真执行“三不动”“三不离”等基本安全规章制度

2. 车站维修人员的岗位职责是（　　）。

A. 必须坚守岗位，不得擅自离岗

B. 认真填写值班日志，按时交接班

C. 认真执行当天的维护维修计划，并完善相关记录和工单

D. 认真记录好设备使用状态，记录好工具仪表、图纸资料、备品等的使用、借用、损坏情况，记录好相关通话记录并及时传达，记录好待处理及遗留问题

3. 车站维修人员的基本要求是（　　）。

A. 维修时，车站维修人员应尽可能将工作范围缩小

B. 在维修过程中，车站维修人员如果可以很快维修好，可以不放置提示牌，目的是为了节省时间

C. 在搬运维修设备时，车站维修人员应避让乘客，并且避免在地面上拖拉设备

D. 在维修完成后，车站维修人员不用清理杂物，等清洁阿姨清扫即可

4. 车站维修人员仪容仪表要求是（　　）。

A. 发型要求：整齐利落、清洁清爽

B. 面容要求：化浓妆、留胡须

C. 口腔要求：工作前食用葱、蒜、韭菜等带有刺激性气味的食物

D. 指甲要求：保持手和指甲清洁无污垢

5. 车站维修人员常见问题的处理方法有（　　）。

A. 当有乘客想通过故障区域时，车站维修人员应耐心向乘客解释

B. 当乘客要使用故障设备时，车站维修人员应该给予提醒

C. 当维修过程中遇到有乘客问询时，车站维修人员应耐心回答，需要时可以请求其他同事帮忙或指示乘客前往适当的查询地点

D. 当维修过程中遇到突发事件时，如乘客乘自动扶梯摔倒，车站维修人员应主动上前了解情况，尽量提供帮助，并及时通知值班站长安排其他员工进行处理

任务拓展

服务礼仪拓展视频 3

1. 简述车站维修人员服务的要求和职责。

2. 简述车站维修人员服务常见问题处理的方法。情景模拟，假设你是车站维修人员，你该如何解决这些问题呢？

项目四

城市轨道交通车站特殊服务认知与操作

任务一　乘客投诉服务认知与操作

任务描述

作为直接面向乘客的服务人员，站务服务人员随时会接到乘客的不满和投诉，就需要掌握投诉处理的相关知识，及时而得当地处理乘客投诉，以提高企业运营的服务质量，切实维护轨道交通的声誉。

任务目标

- 能正确认识投诉的类别、正确分析乘客投诉的原因。
- 能掌握乘客投诉事件的处理原则。
- 能掌握乘客投诉的处理技巧，减少投诉的发生。

任务学习

轨道交通的普及越来越便利了人们的出行，轨道交通的服务质量和服务态度对人们选择交通方式也产生很大影响，随着时代的发展、人们消费水平的提高，乘客越来越注重维护自己的权益，越来越多的乘客为了维护自己的权益而选择投诉。城市轨道交通运营企业作为一个服务性行业，本身具有公共交通的特性，受到投诉是不可避免的。正确认识、妥善接待和处理投诉是对企业管理水平的考验，也能够展现企业良好的形象，切实维护轨道交通的声誉。

一、正确认识乘客投诉

俗话说“一人一味，百人百味”，在服务行业中消费者的抱怨和投诉因人而异、不可避免，即使是最优秀的服务企业，也不可能保证永远不发生失误或受到投诉。作为城市轨道交通的客运服务部门，在服务过程中会经常遇到乘客的投诉和抱怨。客运服务部门不能一味地回避投诉、恐惧投诉、厌恶投诉，应该对投诉有一个清醒的认识，才能理性地分析投诉产生的原因，更好地处理投诉，更有效地改进服务工作并提高服务质量。

（一）乘客投诉的概念

乘客乘坐轨道交通时，会对出行本身和企业的服务抱有良好的愿望和期望值，如果这些要求和愿望得不到满足，就会失去心理平衡，由此就会产生“讨个说法”的行为，这就是投诉。广义地说，乘客任何不满意的表示都可以看作投诉。

乘客投诉是监督和提升服务行业水平的重要手段，是城市轨道交通企业提高运营服务质量、改进运营服务工作水平、树立轨道交通品牌的重要环节。为了不断地改进运营服务工作，提高运营服务质量，切实维护轨道交通的声誉，服务部门必须加强对投诉工作的管理。

【知识链接】

美国白宫针对某项服务的调查统计

美国白宫曾就某项服务做过一次全国消费者调查：即使是不满意，还会选择该服务的服务对象有多少？

（1）在不投诉的服务对象中，只有 9% 的不投诉服务对象表示会再次选择该项服务，91% 的服务对象表示不会再次选择该服务。

（2）在投诉后没有得到有效解决的服务对象中，19% 的服务对象表示会再次选择该项服务，81% 的服务对象表示不会再次选择该服务。

（3）在投诉后得到解决的服务对象中，54% 的服务对象表示会再次选择该项服务，46% 的服务对象表示不会再次选择该服务。

（4）在投诉得到迅速解决的服务对象中，82% 的服务对象表示会再次选择该项服务，18% 的服务对象表示不会再次选择该服务。

（5）在不满意的服务对象中，只有 4% 的服务对象会投诉，96% 的服务对象不投诉但会将自己的不满告诉 20 个人以上。

以上数据表明，不投诉比投诉更可怕。当服务对象遇到问题时，如果选择不投诉，对企业来说就是一大损失。因此，企业不仅应该鼓励服务对象投诉，而且要以最快的速度化解服务对象的不满和抱怨，真诚地为他们解决问题，积极地采取补救措施。

资料来源：王英，高蓉. 城市轨道交通服务礼仪[M]. 北京：人民交通出版社，2011.

（二）正确看待投诉

1. 重视投诉

对于任何企业来说，没有投诉未必是件好事情，因为通过投诉往往可以暴露服务中的薄弱环节和缺陷。虽然乘客的投诉大多是刺耳尖锐的、直接的、不留余地的，许多服务人员把投诉当成一个“烫手山芋”，希望最好不要发生。但既然投诉不可避免，那就寻找最佳途径予以积极应对。

2. 欢迎投诉

乘客的投诉实际上是给企业机会来回顾和检查在乘客服务中不合适的方面。在投诉处理的过程中，服务人员可以向乘客解释企业的规定和标准，从而使乘客与企业之间能够更好地理解和沟通。因此，作为服务人员，既不需要对投诉感到尴尬，也不需要对投诉有畏惧和抵触的心理。

想一想：当乘客执意要投诉并不听劝解时，客运服务人员应该怎么做？

二、乘客投诉的分类

乘客投诉按照不同的分类方式有不同的种类。

（一）按投诉的表达方式分类

乘客感到不满意后的反应一般有两种：一种是说出来，另一种就是不说出来。据一项调查表明：在所有不满意的乘客中，有 69% 的乘客从不提出投诉，有 26% 的乘客向身边的服务人员口头抱怨过，而只有 5% 的乘客会向投诉管理部门（如客服中心）正式投诉。其中，乘客投诉根据投诉表达方式的不同可以分为以下三种：

（1）当面口头投诉（包括向公司的任何一名职员）。图 4-1 为上海地铁服务志愿者在耐心解答乘客提出的问题。

图 4-1　上海地铁服务志愿者耐心解答乘客提出问题

（2）书面投诉。书面投诉包括意见箱、邮局信件、网上电子邮件等形式。

（3）电话投诉。电话投诉包括热线电话、投诉电话等形式。

（二）按投诉的内容分类

按投诉的内容不同，乘客投诉主要可以分为以下四类：

1. 规范服务方面的投诉

规范服务方面的投诉是指由于地铁车站员工违反服务标准,服务过程中态度不佳、使用忌语，未按规定操作服务设施而引起乘客不满的投诉。

2. 列车运行方面的投诉

列车运行方面的投诉是指因车辆、设备设施故障或其他突发事件造成列车晚点等不能正常运行的情况，影响服务质量或相应善后处理欠缺引起乘客不满的投诉；由于列车司机在列车运行过程中，违反工作标准和操作指引，造成工作失误而引起乘客不满的投诉。

3. 乘车环境方面的投诉

乘车环境方面的投诉是指车站管辖范围、车厢卫生状况以及车站、车辆设备设施缺陷或故障，给乘客带来不便而造成的投诉。

4. 票款差错方面的投诉

票款差错方面的投诉是指因地铁员工工作失误、违反设备操作指引和规定，造成票款差错而给乘客带来经济损失而造成的投诉。

除以上四种投诉外，乘客投诉还包括站内广告、商业网点产品质量、乘客伤亡等方面的投诉。

（三）按投诉的性质分类

按照乘客投诉性质的不同，乘客投诉可分为有责投诉和无责投诉。

有责投诉是指因工作人员工作失误、违规操作和设备设施保障不力等而引起的投诉。

无责投诉包括两种情况：一是由于自然灾害等不可抗力因素导致服务失误而引起的投诉；二是由于乘客自身原因引起的投诉。对于前者，运输企业应该加大应急事件的处理能力；对于后者，运输企业应该加强对乘客的宣传教育。

在地铁运营服务工作中，由于员工服务、设施设备、环境卫生、治安、地铁政策等方面的不足或其他原因引起的乘客投诉，经调查属实，造成一定程度负面影响或乘客利益损害的，相关部门或人员负有责任的，称为有责乘客投诉。有责乘客投诉按事件的性质及产生后果的轻重，分为一类有责乘客投诉、二类有责乘客投诉和三类有责乘客投诉，见表 4-1。

表 4-1 有责乘客投诉的级别及情况描述

级别	情况描述
一类有责乘客投诉	（1）不及时放置警示牌，误导乘客。 （2）不主动维持乘客购票和候车秩序。 （3）没能礼貌、耐心地解答乘客的问题及帮助有困难的乘客。 （4）客车门因故障而暂停使用，没有张贴“此门故障，暂停使用”的标识。 （5）不按规定播放广播或播放不及时。 （6）接到乘客求助未能及时赶到现场。 （7）在运营时间关闭出入口，没有张贴相关通知。 （8）车站公告栏的内容与实际营运不符
二类有责乘客投诉	（1）对乘客投诉的调查弄虚作假或隐瞒不报。 （2）与乘客发生争执，有拉扯等行为。 （3）列车清客时，未做好广播及解释工作。 （4）末班车未提前做好广播。 （5）对乘客违反相关法律法规的行为不予制止。 （6）上岗时做与工作无关的事。 （7）提前关站或延误开站时间 10 分钟以内。 （8）对乘客讲斗气、噎人、训斥、顶撞的话。 （9）列车清客时，服务人员用东西敲打车厢、推拉乘客。 （10）票务中心找零不足。 （11）票务人员找错钱、卖错票，金额在 10 元以下（作弊行为不在此列）。 （12）同一部门相同内容的投诉在三个月内达三次以上（时间从第一次投诉计起）。 （13）由于治安问题引起的投诉。 （14）列车行驶不平稳，造成乘客受伤。 （15）由于员工失误，错误引导乘客造成经济损失 10 元以下的。 （16）无理拒绝乘客的合理要求。 （17）未及时更换票筒、钱箱，导致自动售检票系统中断服务。 （18）不及时疏导乘客，造成拥挤（视情况而定）
三类有责乘客投诉	（1）对乘客有推、拉、打、踢等粗暴行为。 （2）讥笑、谩骂乘客，讲有辱乘客自尊心和人格的话。 （3）作弄、欺瞒乘客的行为。 （4）由于员工工作失误，造成乘客经济损失 10 元及以上的。 （5）提前关站或延迟开站时间达 10 分钟及以上的。 （6）利用乘客资料采取不同形式的骚扰、恐吓行为。 （7）工作中有舞弊行为，使乘客利益受损。 （8）其他因地铁服务设备、设施故障等造成乘客利益严重受损害或给乘客带来较大不便的

（四）按投诉的影响范围分类

按投诉的影响范围不同，乘客投诉可分为一般有责投诉和重大投诉。

1. 一般有责投诉

一般有责投诉是指乘客对运营服务质量、服务设施、服务环境进行的投诉，经调查确为运营方责任引发的有责投诉。

2. 重大投诉

重大投诉是指乘客对运营服务质量、服务设施、服务环境进行的投诉，经调查确为运营方责任引发的投诉，造成严重的负面影响；或经媒体曝光，造成较大社会负面影响的有责投诉。

案例分析 1

轻轨安检问题投诉

DP 轻轨站工作人员称不能对钱包大小的包进行手检和视检，但其他轻轨站对这样大小的包也可以视检或手检，因为过机器检查太小的包可能造成财物遗失，若遗失会产生谁负责赔偿的问题。对于多么大小的包必须过机器检查，是否只拿一个长款钱包也必须过机器检查，国家或重庆市政府有形成具有法律效力的公文吗？签发机关是哪个部门？据 DP 轻轨站告知是市公安局，但是这种公开的具有法律效力的文件并没有明确告知市民，至少在轻轨站并没有。请问这份文件是否是 DP 轻轨站的工作人员一拍脑袋随口说出来的，有法律依据吗？DP 轻轨站服务人员态度冷漠，随口告知是市公安局规定的，并不出示正式文件。还有我坐轻轨是给了钱的，没有欠你钱。我是一个女士，不喜欢和陌生男士产生肢体接触，我只是在走路，所以请男性工作人员不要冲上来，因此我觉得气愤！

讨论：1. 该女士的投诉属于哪一类投诉？

2. 针对这类投诉，轨道公司及服务人员该做出怎样的回应呢？

三、乘客投诉产生的过程及乘客投诉的原因

（一）乘客投诉产生的过程

一般来说，在投诉之前当乘客对列车运行或者服务存在一定的不满时就会产生身心的不悦和潜在化的抱怨。潜在化的抱怨积累到一定程度就变成显在化的抱怨，而显在化的抱怨作为投诉的一种表现形式，很有可能会转化为正式投诉。乘客投诉产生的具体过程如图 4-2 所示。

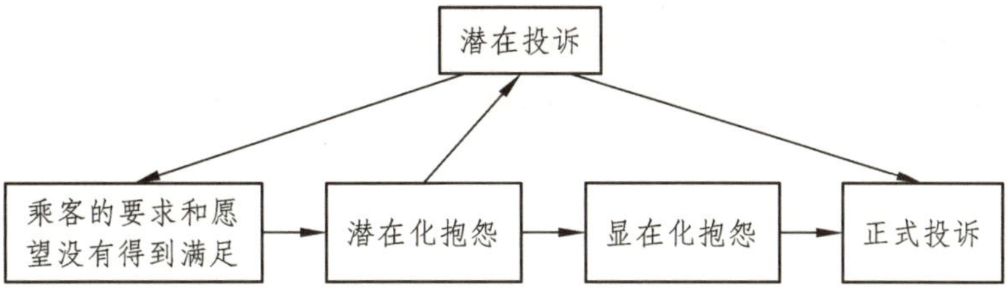

图 4-2　乘客投诉产生的具体过程

（二）乘客投诉的原因

乘客感到不满的原因有很多，有时候他们的愤怒是有道理的；而有时候，他们简直是在无理取闹。无论有没有道理，都要牢记“乘客投诉都是有原因的”。要想消除他们的不满，就必须找到引起他们不满意的原因，乘客投诉的原因见表 4-2。

表 4-2　乘客投诉的原因

乘客自身的原因	企业服务的原因
（1）乘客对服务的期望值过高，服务人员无法满足乘客的要求。 （2）乘客不了解或不知道企业规定。 （3）乘客本身强词夺理	（1）设备设施故障影响出行。 （2）服务人员不规范作业，业务能力不过关。 （3）服务人员的工作效率太低。 （4）服务人员的说话态度或服务态度不好。 （5）服务人员的不作为。 （6）服务人员没有足够的能力解决乘客的问题。 （7）因服务人员的疏忽，乘客的利益遭受损失

案例分析 2

谁的不礼貌？

2015 年 4 月，某地铁里，站台护卫巡视时发现一名男乘客候车时坐卧在扶梯的不锈钢面板上，便请乘客不要在扶梯上坐卧，然后就到下行线接车。当护卫再次回到上行线后发现乘客并没有从扶梯上下来，就再次要求乘客下来，由于没有耐心地对乘客使用文明用语，乘客对站台岗劝阻的语气和态度表示不满，提出:要将不好的服务照下来，同时用手中的手机对着护卫作拍照的动作。护卫用手挡住镜头，乘客继续作拍照的姿势，护卫再次挡住，并对乘客说:“拍什么拍，你傻啦!”乘客对员工的言语表示更加不满。

讨论：

（1）如果你是站台护卫，你会阻止该乘客的行为吗？

（2）这个案例表明引起乘客投诉的原因有哪些？其中乘客投诉的最主要原因是什么？

（3）如果发现乘客有不当的行为，应该如何及时制止乘客并使乘客满意？
（4）如果你是护卫，和乘客发生争执时，你会如何处理？

四、乘客投诉的四种需求

（一）被关心

乘客希望受到重视和善待，希望与他们接触的人是真正关心他们并能替他们解决问题的人。

（二）被倾听

乘客需要找到一个认真倾听的人来理解自己的感受，而不是埋怨、否定、借口，倾听可以针对问题找出解决之道。

（三）专业化

乘客需要一个能用脑而且真正肯为他们用脑解决问题的人。

（四）迅速反应

乘客希望听到“我会优先考虑您的问题”或“如果我无法立刻解决你的问题，我会告诉您我处理的步骤和时间”。

五、乘客投诉事件的处理原则

客运服务人员每天会面对成千上万的乘客，在服务过程中，一句不负责任的话、一个不规范的动作、一种生硬的态度等都可能引起乘客的不满而产生投诉。乘客的投诉千差万别，处理投诉也没有一成不变的方法，但面对乘客的投诉，如果能牢记并把握以下四项原则，就能收到很好的效果。

（一）安全第一、乘客至上的原则

在面对乘客投诉时，客运服务人员首先要站在乘客的立场考虑问题：“一定是我们的工作没有做好，给乘客带来了不便。”切记要摒弃先入为主的想法，同时相信乘客的投诉有着一定的缘由。有了这种观念，客运服务人员才能真正站在乘客的立场，用平和的心态处理乘客的抱怨和投诉，并且会对乘客的投诉行为予以肯定和感谢。

安全第一、乘客至上是指在保证地铁安全的前提下，站务人员应最大限度地满足乘客的需求。只有了解了乘客的需求，客运服务人员才能为乘客提供优质的服务。

案例分析 3

违反地铁规章制度的情形

2015 年 1 月，两名成年人抱着两个大纸盒进站，经工作人员询问，纸盒内装着电脑显示器，工作人员礼貌地提醒：“先生您好，为了您和其他人的安全，按规定我们不能让您进站。”乘客不理解，不满地说：“为什么不可以，新买的显示器能有什么危险？”该乘客认为客运服务人员故意为难他，和客运服务人员发生了争执。

客运服务人员 A：为了不和乘客发生冲突，就先让乘客进站，反正是新买的，不会出现问题。

客运服务人员 B：一定不能让该乘客进站，即使发生冲突，也不能让其进站。

请问：你赞同哪一名客运服务人员的做法？为什么？

事件分析：

乘客不清楚乘坐地铁的相关规定，认为新的显示器没有任何危险是这次争执发生的主要原因。

注意事项：

（1）地铁的规章制度是不能违反的，在地铁里面应时刻记住“安全第一、乘客至上”的原则。

（2）态度强硬、固执的乘客是有的，作为客运服务人员还是应该耐心地解释地铁相关规定。

（3）让乘客了解，他的情况我们很难处理，但不能埋怨，要从乘客的角度去考虑，了解乘客的需求。如果乘客已经购票，返回票款收回票卡；如果乘客认为东西太重，不愿意出站，可以寻求其他同事帮助乘客。总之，作为客运服务人员，一定要站在乘客立场考虑处理问题的解决方案。

【知识链接】

不同性格乘客的服务要求

不同类型的乘客对服务的需求有所不同，只有准确判断乘客的类型并进一步把握其性格特点，采取适当的服务措施，才能更好地做到从乘客角度出发。

（1）温和型乘客。温和型乘客性格随和，对自己和别人没有更多的要求，他们比较容易理解别人，注重任何人之间的友好亲切关系。

面对这种乘客，客运服务人员更要以礼相待、以情感人，千万不能因为对方的宽容而忽视了对他们的服务质量，从而引起乘客的不满。

（2）内向型乘客。这种类型的乘客不注重外界的干扰，不善于交流，和陌生人保持相当的距离。他们对客运服务人员的态度、神情、语言、举止非常敏感，大都排斥客运服务人员的过分热情。

这种乘客比较腼腆，因此客运服务人员对待内向型乘客目光一定要和蔼，但目光对视不宜过长，以免给对方造成心理压力。

（3）分析型乘客。分析型乘客的特征是做事非常认真。面对这类乘客，客运服务人员每说一句话都要非常准确，有理有据，不能有任何含糊的地方。通常分析型乘客说得少，听得多，动作缓慢，表情少，他们的逻辑思维能力强，讲道理，不接受不公平待遇，但可以接受合理的解释，善于维护自己的权益，对服务不满时往往会说："我认为这不是理由……"

在跟该类型乘客沟通时，说话要有条理性、逻辑性，如果遇到这种乘客提意见，客运服务人员要注意真诚对待，讲清事实，摆明道理，分析好依据，争取得到理解。

（4）独断型乘客。独断型乘客十分自信，有很强的决断力，感情激烈，不容易接受和理解别人，轻易不改变自己的看法和观点，希望每个人都认同他的观点并满足他的需求。这类乘客最不能容忍被怠慢或者不被尊重，是投诉最多的乘客。

面对此类型的乘客，客运服务人员要镇定自如，始终保持目光的交流，不能怯场，因为这种类型的乘客不愿意听取别人的意见，对于该种类型乘客的服务一定要先征求他们的意见，不然很有可能引起双方不愉快。

（5）自我型乘客。自我型乘客是最挑剔的，他们以自我为中心，从来不站在他人的立场考虑问题，并且绝对不允许利益受到损害，有很强的报复心理，性格敏感而不讲道理，无理也要辩三分。

对待这样的乘客，客运服务人员要控制好情绪，以礼相待，如果有做得不周之处要立即道歉，尽管对方的语言会十分尖刻，但客运服务人员也要包容他，不能发生争执。否则，会引起更多的麻烦。

（二）不推脱责任的原则

客运服务人员在执行不推脱责任的原则时应注意以下五点：

（1）对待乘客投诉的处理应当及时、客观、公正、公平、公开，坚持以理性分析为主。在接到乘客投诉后，城市轨道交通企业的相关部门应通力合作，迅速做出反应，力争在最短的时间内解决问题，给乘客比较满意的答复。切记不可拖延或推卸责任，造成事态恶化，产生不良社会影响。

（2）乘客投诉的处理工作必须遵循国家法律、法规、标准、制度、办法及行业规定。

（3）乘客投诉的处理工作必须保护和承认乘客的投诉权力、获得赔偿的权力、监督服务效果的权力。

（4）乘客投诉的处理工作要坚持“四不放过”原则，即投诉原因分析不清不放过、第一责任人没严肃处理不放过、广大员工没有受到影响教育不放过、防范整改措施落实不力不放过。

（5）乘客投诉的处理工作既不能违背企业的社会公开承诺，不得有损企业形象，也要着重于提高乘客满意度、降低乘客投诉事件的发生。

很多站务人员面对乘客投诉的第一反应是：“是我的责任吗”“如果乘客向上级投诉，那么我应该怎么解释”，无论责任主体是谁，站务人员必须清楚地认识到，乘客既然选择投诉就一定有自己的原因，乘客希望从服务人员那里得到心理安慰，希望服务人员重视投诉的内容和理由。面对乘客的投诉和不满情绪，站务人员先要端正态度，反思自己工作的缺失，诚意向乘客道歉，只有表明了这种态度，才能更好地处理乘客的投诉。

案例分析 4

售票员与顾客各执一词

2014 年 2 月，一位乘客手持 50 元人民币到某车站购票乘车，由于列车马上就要进站了，乘客急急忙忙拿了找的零钱就往站台走，到了进站口才发现自己的车票没了，乘客认为是刚才在慌乱中忘记拿车票了，随即返回售票处向售票员问询，但售票员认为不拿车票是乘客自己的失误，认定是乘客自己把车票弄去了，不予理睬，随后与乘客发生了争执。

讨论：（1）在上述事件中，售票员有哪些地方处理不当？

（2）应如何处理和改善才能减少乘客投诉的概率？

（三）先处理心情，后处理事情的原则

我们时时刻刻都感受着情绪的力量，感受着它对理性判断和决策所带来的影响。人在感受情绪的同时，并没有事先去考虑该不该接受，所以人在接受情绪的过程中是被动的。然而事实上，在情绪对人产生影响之后，人对其作出的反应和对策才是情绪的最终显露，它体现出人与情绪的一种激烈较量。

对于车站服务人员来说，接待每一位客人应先关注他们的心情，想办法让乘客先平息怒气，然后再想办法帮助乘客解决问题。因此，接待者在处理乘客投诉时需要掌握以下技巧：

1. 对乘客的倾诉应认真倾听，态度真诚

车站服务人员必须认真听取乘客的叙述，让乘客感受到接待者十分重视他的问题。接待者要注视乘客，不时地点头示意，以表示认真倾听，可以多次强调“我理解，我

明白，我一定会认真处理这件事情”以表明接待者对意见的重视。

为了使乘客能逐渐消气息怒，接待者可以用自己的语言重复乘客的投诉或抱怨内容，即采取同心理倾听的方法。若遇到非常认真的投诉乘客，接待者在听取乘客意见时还应做一些听取意见记录，以表示对乘客的尊重及对反映问题的重视。

2. 对乘客表示歉意和同情

首先接待者要让乘客了解，你非常关心他的情况以及提供的服务是否令他满意。如果乘客在谈问题时十分认真，接待者应不时地表示对乘客的同情，如“我们非常抱歉，我们将对此事负责，感谢您对我们提出的宝贵意见”。

3. 根据乘客要求采取措施

接待者要完全理解和明白乘客投诉的原因，同时当决定采取纠错行动时，接待者一定要让乘客知道已经采纳了他的意见，并告知乘客企业打算采取的处理决定及具体措施的内容，以证明纠错的诚意。

如果乘客不知道处理决定或未达到其满意程度，说明这种处理方法可能存在部分不同看法的乘客群，接待者暂时先不要盲目采取行动。接待者要再次十分有礼貌地听取乘客对将要采取的措施的看法，并尽可能让乘客理解，只有这样才有可能使乘客的抱怨变为满意，并使乘客生出感激之情。

4. 感激乘客的批评指教

接待者应感谢那些对城市轨道交通服务水平或服务水准提出批评、建议和指导意见的乘客，因为这些批评、建议和指导意见有利于企业提高管理水平和改善服务质量。

假若乘客遇到不满的服务，他不向车站反映，也不做任何投诉，但是他作为乘坐过城市轨道交通的乘客，将不好的经历和印象讲给其他乘客或朋友听，这样更会极大地影响城市轨道交通的声誉和形象。所以当车站遇到乘客的批评、抱怨甚至投诉的时候，不仅要欢迎，而且还要感谢。

（四）及时原则

当乘客完全同意接待者所采取的改进措施时，要立即予以实施，快速采取行动，补偿乘客投诉损失，一定不要拖延时间。耽误时间只能进一步引起乘客的不满，此时此刻，高效率就是对乘客的最大尊重，否则就是对乘客的漠视。如果不能第一时间处理，应立即通知上级，相关人员接到信息后，必须在 3 分钟之内到场为乘客处理相关事务。电话投诉和书面投诉则应当在 24 小时之内尽快办理并且回复相关乘客。

（五）百分百回复原则

一定要落实、监督、检查乘客投诉的具体措施。

处理乘客投诉并获得良好效果的过程中最重要的一环便是落实、监督和检查已经采取的纠正措施。首先，要掌握改进措施的进展情况；其次，要使服务水准及服务设施均处在最佳状态；最后，受理部门必须百分百回复乘客，询问乘客的满意程度并跟踪和做好台账记录。许多对城市轨道交通怀有感激之情的乘客，往往是那些因投诉问题得到妥善处理而感到满意的乘客。

投诉乘客的最终满意程度，主要取决于服务人员对其公开抱怨后所采取的特殊关怀和关心的程度。另外，车站的所有管理人员和站务人员必须确信，乘客包括那些投诉的乘客都是有感情的，也是通情达理的，城市轨道交通的广泛赞誉及其社会名气来自城市轨道交通站务人员诚实、准确、细腻的感情和勤奋的服务以及广大乘客的公认。

（六）包容乘客的原则

包容乘客就是指站务人员对乘客的一些错误行为给予理解和宽容。包容乘客的核心是善意的理解。当发现乘客的某些行为违反规定时，站务人员给予乘客善意的提醒。站务人员要懂得体谅乘客，避免让乘客处于难堪的状态。虽然乘客的投诉并不都是对的，但那种“得理不让人”的解决方法，必将造成双方的关系紧张而不利于问题的解决。如果站务人员能够包容乘客，那么由此而引发的冲突就能得到及时避免。

想一想：对于不讲道理或执着我见的乘客，站务人员应该如何应对和处理？

案例分析 5

售票员的做法错了吗

2015 年 6 月 10 日，B 端票亭前有 8 位乘客排队充值，付费区有 4 位乘客出不了站，售票员正常为付费区的乘客补票更新，正准备为非付费区的乘客充值时，有两位进不了站的外地乘客递进车票要求更新。这时，充值的乘客意见很大，其中排在第一位的乘客大声说：“有没有搞错，我排了这么长时间还没有给我充值，你是怎样服务的，你的工号多少我要投诉你。”售票员急忙跟乘客解释：“先生，不好意思，我们规定要先为出不了站的乘客服务，然后再为你们服务的，我会马上为你服务的。”乘客不听解释：“请你给我投诉电话。”售票员说：“先生，请你稍等，我叫车站负责人过来为你解决好吗？”这时客值经过票亭，听售票员描述情况后，对乘客说：“先生，我们售票员没有做错，他是按照程序服务的。”乘客对这样的解释不满意，打电话向服务总台投诉。

讨论：（1）售票员和客值的做法错了吗？为什么？

（2）你认为售票员应怎样回答该乘客呢？

事件分析：

乘客由于长时间等待产生不耐烦的情绪，售票员和客值并没有正确合理解释是乘客投诉产生的主要原因。

售票员在为付费区内的乘客处理事务时，没有顾及非付费区的乘客，排队超过8个人以上，没有及时通知车控室安排增加人员协助。

乘客对售票员的服务不满意提出投诉时，售票员没有采取措施，只是为自己的行为解释。

客值到现场后只是听售票员的解释，客值还没等乘客讲事情经过便急着向乘客解释售票员的行为是对的，没有接受乘客建议和投诉。

客值漠视乘客的抱怨，没有从乘客的角度思考问题，没有耐心倾听是处理投诉的大忌。

在乘客对处理结果不满意时，售票员没有及时通知值站到现场解决。

在处理投诉的过程中，接待人员会遇到不同类型的乘客。按照乘客表现的不同，可以将乘客分为以下五类。

1. 感情用事类

感情用事类的乘客的主要特征表现为情绪激动，或哭或闹。其处理要点是保持镇定，适当让乘客发泄；表示理解，尽力安抚，告诉乘客一定会有解决方案，注意语气，谦和但有原则。

2. 以正义感表达类

以正义感表达类的乘客的主要特征表现为语调激昂、声音较大。其处理要点是要肯定乘客，并对其反映的问题表示感谢；告知乘客城市轨道交通的发展离不开乘客的爱护与支持。

3. 固执己见类

固执己见类的乘客的主要特征表现为坚持自己的意见，不听劝。其处理要点是首先表示理解乘客，再力劝乘客站在互相理解的角度解决问题；耐心劝说，根据事情的特性解释所提供的处理方案。

4. 有备而来类

有备而来类的乘客的主要特征表现为一定要达到目的，了解法律、规章，甚至会记录处理人的谈话内容或录音。遇到此类乘客时，接待人员一定要清楚公司的服务政策及法律的有关规定，并充分运用政策及技巧，语调充满自信，明确表达出希望解决乘客问题的诚意。

5. 有社会背景、宣传能力类

有社会背景、宣传能力类的乘客通常是某重要行业的领导，电视台、报社的记者和律师，若不满足其要求，他们会采用社会曝光等手段。因此，接待人员处理时需谨言慎行，尽量避免使用文字；如果无法满足乘客提出的要求，应及时上报有关部门进行研究，但一定要迅速、高效地解决此类问题。

案例分析 6

乘客伪造证件的尴尬

某日，一名男性乘客拿着伤残军人证换福利票，经票务员辨认是伪造证件，票务员丝毫没有顾及乘客面子，大声指出该证件是伪造的，不同意为其换取福利票，乘客觉得没有面子，开口就骂“×××××，我的证件没有问题”。他和票务员吵了起来，影响了售票员对后面乘客的服务，一分钟之后，站务员请求值班站长协助处理，乘客边骂边离开了车站。

讨论：（1）在该案例中，票务员哪些地方做得不合适呢？

（2）乘客和票务员争吵的主要原因是什么？如何避免该乘客再次利用伪证？

（3）如果你是票务员，你会如何处理？

资料来源：王英，高蓉. 城市轨道交通服务礼仪[M]. 北京：人民交通出版社，2011.

六、乘客投诉的处理技巧

在处理投诉的过程中，工作人员会遇到各种类型的乘客。工作人员除了要准确把握乘客投诉处理的基本原则外，还需要掌握一定的处理技巧，只有这样才能更好地为乘客服务，改善城市轨道交通企业的服务质量。

根据乘客表达方式的不同处理乘客的正式投诉，可以分为以下两种：一是针对当面口头投诉作出的处理；二是针对书面投诉和电话投诉作出的处理。

（一）当面口头投诉的处理

1. 用心倾听

如果乘客有长时间的抱怨，工作人员应当认真聆听，打断乘客和喋喋不休的解释在乘客看来就是推卸责任，乘客的心情则会更差。面对乘客的投诉，工作人员需要掌握倾听的技巧，从倾听中掌握事情发生的细节，找出乘客投诉的真正原因及其所期望的结果。倾听是一种情感活动，是要真正理解对方所说的意思。

（1）用心倾听的注意事项。

如图 4-3 所示，工作人员要做到用心倾听，在倾听乘客的诉求时，需要注意以下几点：

① 耐心。在处理投诉的过程中，工作人员切忌轻易打断乘客，要仔细思考乘客提

供的信息；应该花 80% 的时间去听，给乘客 80% 的时间去讲。在倾听过程中，工作人员要保持冷静的心态，不要受其他事物的影响。

② 用心。工作人员应站在乘客的角度考虑问题，用心地感受乘客的心情。这是真正能听到乘客心声的好办法，是乘客服务中不可或缺的沟通技巧。

③ 保持微笑，婉转回应。在倾听过程中，工作人员始终保持微笑，运用眼神、表情等非语言传播手段来表示自己在认真倾听，尽可能以柔和的目光注视对方，表示自己对乘客的投诉表示理解。

④ 不要挑乘客的毛病。在倾听时，工作人员不要当场提出自己的批判性意见，更不要与乘客争论，尽量避免使用否定别人的回答或评论式的回答，如“不太可能”“我认为不该这样”等，而应该站在乘客的立场去倾听，努力理解乘客所说的每一句话。

图 4-3　工作人员倾听乘客投诉

（2）用心倾听的具体做法。

工作人员要想做到用心倾听，应注意以下四点：

① 当乘客到车站投诉时，工作人员应先请乘客坐下并及时给乘客倒水，表示对乘客的尊重。

② 在乘客叙述的过程中，工作人员要保持安静，耐心倾听乘客抱怨，让乘客发泄情绪。在倾听过程中，工作人员不可随意发表自己的意见。

③ 不要轻易打断。如果有不明白的地方，工作人员要等乘客说完后，以婉转的方式请乘客提供情况，如“对不起，是不是可以再向您请教……”。

④ 适当安抚乘客情绪，如“请您别着急”“您先消消气”等。

提示：倾听的目的是让乘客把想说的话都说出来，让乘客一吐为快，这样才有协商的余地，其实有些乘客只要能将不满倾诉出来就能解决全部问题，如果由于某些工作人员态度不佳而引发乘客对工作人员的不满，是得不偿失的。

2. 了解乘客投诉的心理期望

乘客只有在对服务不满的情况下才会进行投诉。对乘客来说，既然选择了投诉，就一定会有一个心理预期并希望得到满意的答复。工作人员只有弄清了乘客投诉的心理期望，才能够有针对性地处理投诉。一般来说，乘客投诉的心理期望主要有以下几种：

（1）希望问题能被认真对待。

有时乘客进行投诉或建议，只是想发表对此状态的看法与观点，并不是要求企业一定能够彻底改变这种现象，给企业以警示。对于这种期望的乘客，工作人员一定要积极对待，耐心地听完乘客的批评与建议，抱着“有则改之，无则加勉”的正确态度，并及时对乘客表示感谢。图 4-4 为北京市某地铁站站区长接待日认真接待乘客。

图 4-4 北京市某地铁站站区长接待日认真接待乘客

（2）希望得到当事人的道歉和尊重。

乘客投诉中很大一部分是由于工作人员的服务态度没有达到乘客的理想要求，在这种情况下，乘客希望自身能得到充分的尊重和重视，并希望当事人能给予适当道歉。此时，工作人员要及时认识到自己的态度，积极转变对乘客的态度，即使乘客有错，也不要想着去理论，避免产生新的不满或进一步加深矛盾。因为乘客既然选择了投诉，一般就不会觉得是自己的责任。

（3）希望相关人员引以为戒。

有时乘客会因对某位工作人员的服务不满而选择投诉，并希望该工作人员得到惩罚。此时，工作人员需要向乘客保证企业一定按照相关规定做出正确合理的处理，避免将来再发生类似的问题。

（4）希望得到赔偿或补偿。

乘客想要为自己耗费的时间或遭受的痛苦取得补偿，对于由工作人员的责任而造成的乘客损失，当然要协商赔偿办法；对于不是由工作人员的责任而造成的乘客损失，也不能一味迁就，要耐心地向乘客解释清楚。

3．真诚道歉

当乘客抱怨或投诉时，无论是否为工作人员的原因，都要诚心地向乘客道歉，并对乘客提出的问题表示感谢。尤其是在工作确实有过失的情况下，更应该马上道歉，如“对不起，给您添麻烦了”。

真诚道歉要做到以下两点：

（1）适当地表示歉意，让乘客了解工作人员非常关心的心意，如“我们非常抱歉听到此事”。

（2）道歉要真诚，如“对不起，为耽误您宝贵的时间而感到抱歉，也感谢您的提议，我们会认真考虑优化”。图 4-5 为某地铁运营公司给乘客的致歉信。

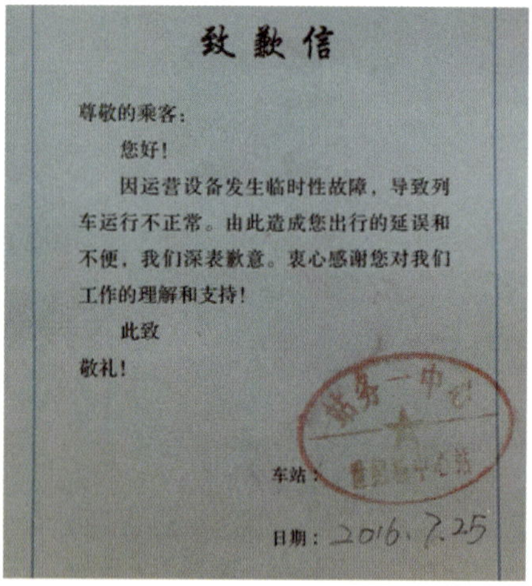

致歉信

尊敬的乘客：

您好！

因运营设备发生临时性故障，导致列车运行不正常。由此造成您出行的延误和不便，我们深表歉意。衷心感谢您对我们工作的理解和支持！

此致

敬礼！

车站：

日期：2016.7.25

图 4-5　某地铁运营公司给乘客的致歉信

案例分析 7

地铁员工与乘客对骂　谁之错？

2016 年 8 月 15 日，一条关于“地铁工作人员辱骂乘客”的视频在微博、微信传开。事发地点为地铁某站，不少乘客在站台排队候车。一名身着地铁制服的女工作人员和一名男子发生口角，引来附近乘客围观。其中一名身着深色上衣的男子和另一名地铁工作人员随即上前劝说，并将当事女工作人员拉走。而事发原因为：地铁列车即将开走，该地铁女工作人员一直让男乘客注意安全，等下一趟车，但男乘客不听，人没上去，行李却夹在屏蔽门里，导致列车也无法运行。该地铁女工作人员就上去拽包，该地铁女工作人员的手因为帮忙拽包被门刮破。乘客的包刚拽出来，此名乘客就破口大骂，因此两人发生口角对骂，引乘客围观。

讨论：

（1）在该案例中，地铁女工作人员提醒男乘客注意安全有错吗？

（2）地铁女工作人员该不该向乘客道歉呢？

（3）地铁公司应当对此次事件如何处理？

4．协商解决

在听完乘客投诉之后，工作人员要明白乘客投诉和抱怨的原因所在，切忌在没有了解乘客想法之前就自作主张地直接提出解决方案。在协商解决时，不要指责或敷衍甚至抱怨乘客，不可与乘客发生冲突。

在明白乘客的想法后，工作人员要十分有礼貌地告知乘客将要采取的措施，并尽可能让乘客同意。如果乘客不知道或者不同意这一处理决定，工作人员就不要盲目地采取行动。具体做法如表 4-3 所示。

表 4-3　协商解决的具体做法

要	不要
1. 平复乘客的不满情绪，如“我很能理解您的想法”。 2. 主动提出建议和解决方法。如果是票卡（款等）问题，可以根据乘客的意见和表现出来的意思，结合实际情况，提出解决措施；如果是对服务人员的态度不满，则要考虑采取让服务人员本人道歉或由值班站长替代道歉等办法，平息乘客的不满情绪。 3. 耐心地解释地铁的相关规定。 4. 提出解决方案时，应语调平和，态度诚恳，不要再次引起乘客的不满情绪。如“这样处理，您看行吗？”“我们这样办，您看合适吗？”	1. 推卸责任、极力辩解； 2. 指责乘客； 3. 敷衍乘客

想一想：如果乘客之间发生冲突了，工作人员该如何处理？

5．快速采取措施

在乘客同意处理意见后，工作人员需要说到做到，而且是马上做到，速度很关键。快速地采取措施就是对乘客最大的尊重。一方面，耽误时间有可能使乘客进一步不满；另一方面，耽误时间还有可能使乘客改变先前已经协商好的解决措施。如果遇到被投诉的员工不在现场的情况，可以采用电话道歉、书面道歉等处理方式。

对于那些不能立即实现的措施，工作人员应坦诚地告诉乘客目前正在办理，并应把处理过程中的相关情况及时反馈给乘客，让乘客了解他们的问题正在得到解决。

提示：一旦发生投诉必须马上处理。拖延处理乘客投诉是导致乘客产生新的抱怨的根源。即使是与车站员工无关的投诉也应代表车站主动承担解决矛盾的责任。

6. 感谢乘客

对于乘客的投诉，工作人员一定要表示感谢，感谢乘客选择自己的服务并发现服务中的不足。工作人员在感谢乘客时，可以说“谢谢您的配合”“非常感谢您的建议”，必要时可送乘客出站，让乘客感到自己受到重视，而不要怠慢乘客，自己先行离开，或让乘客自行离开。

案例分析 8

成都地铁真诚致歉，感谢有您！

2016 年 7 月 25 日，早上 8 点 25 分左右，地铁 1 号线因为地铁站内供电设备故障，导致运营受到影响，列车出现晚点。由于事发时间正处于早高峰时段，给各位乘客出行带来了诸多不便。为此，我们向广大乘客和市民真诚致歉！故障发生后，成都地铁公司立即启动应急预案，进行全力抢修，8 点 49 分，故障处理完毕，运营秩序逐步恢复正常。受今早事件影响的乘客可以在 10 天内就近到成都地铁的任何一个车站领取致歉信或办理退票手续，我们已安排了专门的工作人员为您提供服务。

在深表歉意的同时，我们也真诚感谢各位乘客在今早故障发生后给予的理解和配合。感谢车厢里的您认真聆听广播通知、不慌不乱、不造谣；感谢在车站内的乘客听从工作人员引导、秩序井然、文明乘车；感谢在其他地铁线路上的您配合安排、保障安全。正是因为您的理解和配合，才有了今早故障的迅速处理与恢复。

与此同时，感谢省市媒体广泛关注，各大政务微博同步跟进，及时将成都地铁应急处理信息告知市民，以便市民合理调整出行安排。

目前，全线网运营秩序正常，各位乘客可放心乘坐。

成都地铁将一如既往地秉持真诚，服务大众！

讨论：分析成都地铁的举措的可鉴之处。

（二）电话投诉的处理

1. 用心倾听

（1）车站服务中心投诉服务热线应在电话响铃响后三声内接听，并首先以“你好”“您好”向投诉人问候。

（2）耐心聆听投诉人的投诉内容，在乘客诉说的过程中，工作人员切忌轻易打断乘客，要仔细思考乘客提供的信息；将乘客电话里的内容、时间、地点、联系方式等在《投诉处理台账》上翔实记录。

2．快速采取措施

当接到乘客抱怨或投诉的电话时，无论是否为工作人员的原因，都要诚心地向乘客道歉，并对乘客提出的问题表示感谢。尤其是在工作确实有过失的情况下，更应该马上道歉，如“对不起，给您添麻烦了”。

（1）接听投诉后，尽快与被投诉人取得联系，多方面了解情况，做必要的取证，做出判断，明确双方责任（我方过错、双方过错、乘客过错）。

（2）属于我方服务工作人员过错的，按照《地铁乘客投诉处置手册》以及地铁公司的相关文件规定给予公正处理；如果涉及有乘客损失的，要尽量为乘客挽回损失，尽快与投诉人取得联系，说明处理结果，达到投诉人无异议为最终处理结果，最后将处理结果及相应的处罚验证材料附在《投诉处理台账》上。

（3）属于双方过错的，与乘客、我方服务工作人员协商，维护双方合法权益，最后将处理结果及相应的验证材料附在《投诉处理台账》上。

（4）属于对方过错的，需向投诉人耐心解释，不得因对方过错而态度蛮横；向投诉人解释清楚后，将处理结果记录在《投诉处理台账》上。

（三）书面投诉的处理

（1）接到邮局信件、网上电子邮件或传真或电话转达投诉后，应当迅速与投诉人取得联系，了解事情经过。

（2）尽快与被投诉人取得联系，多方面了解情况，做必要的取证，做出判断，明确双方责任（我方过错、双方过错、乘客过错）。

（3）属于我方工作服务人员过错的，按照《地铁乘客投诉处置手册》以及地铁公司的相关文件规定给予处罚，尽量为乘客挽回损失；尽快与投诉人取得联系，说明处理结果，达到投诉人无异议为结果，最后将处理结果及相应的处罚验证材料附在《投诉处理台账》上。

（4）属于双方过错的，与乘客、驾驶员协商，维护双方合法权益，最后将处理结果及相应的验证材料附在《投诉处理台账》上。

（5）属于对方过错的，需向投诉人耐心解释，不得因对方过错而态度蛮横；向投诉人解释清楚后，将处理结果记录在《投诉处理台账》上。

七、非正常投诉的处理

（一）非正常投诉的概念

非正常投诉是指在非正常心理的驱使下，通过正常或者非正常的手段，向组织索取超过交易惯例、双方约定和法定标准的赔偿要求，给组织造成重大损失的行为。对于非正常投诉，即便做出妥协和让步，客户也不会成为忠诚的客户。

（二）非正常投诉的特征

1．无理索赔

无理索赔即违反国家法律、法规和政策规定，或不按双方约定条件和标准而向被投诉方提出的不合理索赔，以及其他无依据要求，它是权利义务不对等的一种最主要表现形式。

2．索赔额度逐步升级，不断施加压力

（1）提出问题，即开始“投诉”。

（2）提出初步“索赔条件”，投石问路，看公司反应如何。

（3）挑动不明真相的媒体介入，开始曝光，企图利用舆论影响，扩大“战果”，使企业有口难辩，处于孤立无援状态。

（4）制造事端，产生轰动效应，以便“痛打落水狗”。

（5）索赔额度进一步提高，逼公司就范。

3．不走正道走邪道，不愿公了愿私了

对民事纠纷，我国法律制度鼓励并支持双方当事人私下了结，法律程序上也作了明文规定，可以自行和解，也可以在中间人的支持下达成和解，即便进入诉讼程序，依然可以在法院的支持下进行庭外调解和庭外调解。

除上述特征外，非正常投诉还有拒绝出示证据，拒绝权威部门的鉴定；重要时间和场合；“特殊人物”引领粉丝用极端的手段维权等特征。

（三）处理原则

1．快速果断

非正常投诉的发生，往往伴随着新闻媒体的介入，甚至政府相关部门的介入。此时，企业常处于四面楚歌之中，按兵不动无疑是自取灭亡，而及时地采取相关措施才是唯一可取和有效的方法。

2．实话实说

（1）发生了什么事情。

（2）表态要负责：对一时没有查清或难以迅速查清的责任，在实事求是做出合理解释，求得公众假以时日的谅解后，还要根据有关法律规定或先行负责，或提供人道主义援助。切不可推脱责任，导致矛盾激化而不利于事件的解决，影响企业形象。

（3）对恶意者要及时揭露。

3．大事化小，适时妥协

以最小的代价，换取最大的价值。对原则或重大问题要谨慎，注意方式和态度，既不要扩大矛盾，又不可一股脑为息事宁人而全揽下来。

4．冷处理原则

冷处理的前提是对方完全是无理取闹，企业可以有效控制局面。相当部分非正常投诉者，当企业据理力争并掌握有充分证据而不失去原则的让步时，会十分尴尬，因良心发现而变得理智起来；也有部分人会因无计可施而正想找台阶下，此时，可建议双方冷静，暂时搁置，重新考虑自已的主张，而不急于达成协议。这就是冷处理，即以不作为而作为，看似消极，实质却是积极。这种方式，许多企业屡试不爽，达到了维权目的。非正常投诉者也会因十分无趣而不再来纠缠。

5．对重大原则问题绝不私了

企业要坚持不私了的立场，旗帜鲜明地提出请政府部门或者相关机构干预的主张，以遏制恶意投诉者的嚣张气焰。重大原则问题实际上是“私了”不了的，最终也还要通过有关行政程序或司法程序才可能得到彻底解决。

6．不该赔的绝不赔

无论是法律、法规的规定，还是司法实践，所体现的都是权利义务相对等的公平原则，而非正常投诉破坏的就是这种公平。倘若不该赔的也为了息事宁人而赔了，不仅仅是一种不公平，同时，也会损害公司的荣誉，而且对其他具有同类情况的公司产生不良影响。许多恶意敲诈者之所以能够屡屡得手，就是因为总是有些企业赔了不该赔的钱物而使非正常投诉者或恶意敲诈者得到了“鼓励”。

7．对群体性突发事件坚持走群众路线

面对群体性突发事件或群体性非正常投诉，一定要努力控制局面，避免扩大和失控，有条件的，与每个投诉者单独面谈商议；对群体事件，可与群众代表单独谈判。对突发性群体事件，一定要坚持走群众路线，相信广大群众，宜采取“区别对待，个别解决”的战略，拆迁中的一些负责任的、成功的经验可供借鉴，但绝不要搞成“群众斗群众”。比较理想的应对策略是：

（1）尽可能让群众先冷静下来，理智行事；

（2）分析问题症结所在，原因及投诉者的目的；

（3）区别关键人物、主要人物和次要人物，以及随大流的群众；

（4）根据不同目的和需要分类处理；

（5）对个别人物采取冷处理措施或满足个别关键人物的尽管不合理但能承受的要求；

（6）促使关键人物做工作以平息群众怨气；

（7）在充分理解的前提下，满足群众的合理要求，对不合理要求也要实事求是指明原因，并用恰当方式给予必要安抚；

（8）必要时指出聚众闹事会带来严重后果，不合理要求不但得不到满足，还可能要承担相应法律责任；

（9）对配合工作的群众给予一定奖励；

（10）及时消除后遗症：任何措施都要以不扩大事态为前提，相信大多数群众都愿意而且能够在合理框架下解决问题，同时，切忌一刀切。

（四）非正常投诉的处理方法

1．知法懂法，保留原始资料

（1）存在问题的产品、记录（凭证）、直接证人、相片、录像、录音、第三方权威部门检定报告、媒体报道；

（2）证据整理：理顺逻辑关系，避免相互矛盾。

2．求助于第三方（作用不可估量）

上级主管、技术监督部门的公正结论，必要时向公安、检察院或政府举报。

3．保持与媒体的和谐关系

（1）日常保持良好的关系，必要时提前做工作；

（2）利用法律武器，请法律顾问到场；

（3）必要时，企业带记者同时录像；

4．坦诚相见，不过度掩饰

（1）不建议轻易“私了”，不欺骗，但也不需传达全部事实；

（2）做到有依据的赔付（国家标准、行业标准、企业标准）；

（3）特别重大的索赔，尽量公了；

（4）必要时以非正常手段对非正常投诉，秘密录音、录像，寻找证据。

（五）非正常投诉减少的有效措施

非正常投诉的产生是内外因素相互作用的结果，而内因往往是起快定性作用的。非正常投诉是一种危机，这种危机随时会发生，因此企业应该非常重视危机管理，将其上升到战略高度来认识，并在危机到来之前就保持足够的警惕。

1．持续改进服务

服务质量＝规范服务＋超常服务

有针对性地改进服务质量的有力举措，可以减少很多不必要的投诉，更重要的是，这提高了乘客满意度，扩大了社会信任度。

2. 防微杜渐，抓小事、抓细节

细节服务，投入的是关怀，产出的是感动，其投入产出比是无法用数字计算的，属于经济学中“边际效用”的最大化。客运服务工作人员应当时刻注意自己的言行举止，尽量做到微笑服务，细心服务。

3. 学法、知法、守法、用好法

在预防和处理正常投诉时，一定要认真学法，深刻领会其主要的内涵，合法经营，依法维权。

法律、法规等法律文件是处理一切投诉的根本依据，因此，必须及时掌握相关内容，了解最新变化，密切跟踪相关信息，才可防患于未然，处理投诉时才胸有成竹，有依有据，依法处理。不仅要理解其基本条文，对其立法本意及相关背景知识也要掌握，即不但要知其然，更要知其所以然。一定要对相关法律给予高度关注，特别是对服务质量方面、服务规则方面、保护乘客权益方面、从事的具体行业方面、最易发生问题的方面等相关法律要熟悉，不仅要了解相关实体法律知识，还要重视程序方面法律知识的学习和掌握，如法律规定的诉讼程序、民事诉讼法中关于管辖、回避、当事人、证据、期间、调解、保全措施和先予执行、一审、二审、审判监督、督促、执行等程序的规定，相关的司法解释等；又如有关行政许可、行政处罚、行政复议、行政诉讼等方面的法律规定。这些都与公司经营活动以及处理投诉与非正常投诉密切相关。

案例分析 9

过分的赔偿

2014 年 10 月 31 日上午，邵某与同事魏某一起乘坐地铁 1 号线上班。时值早高峰，站台无人维持秩序，地铁还没有完全打开，乘客就开始拥挤。邵某被人群推进了车厢，随即他感觉到右腿刺骨疼痛，右脚扭曲变形。

随后，邵某被送至首钢医院，被确诊为右腿小腿骨折、韧带断裂，通过手术植入一块钢板及 8 根钢钉。由于邵某工作需要长期站立，这次意外受伤导致其失去了工作。邵某认为自己正常买票排队乘车，却未受到保护，因此要求地铁公司赔偿其医疗费、护理费等共计 154 233.19 元。

讨论：（1）邵某可以通过什么途径来维护自己的权益？

（2）该地铁公司应该做出怎样的决策呢？

八、如何避免乘客投诉

众所周知，我们客运服务人员在日常行车服务工作中难免会和一些乘客发生一些矛盾，这本来是正常的，然而，当这些矛盾出现时，如果处理不当，就很容易成为乘客投诉的导火线。因此，为避免乘客投诉，势必要在减少和化解与乘客的矛盾上下功夫。

1．爱岗敬业，突出一个“勤”字

俗话说“干一行，爱一行”，首先要热爱自己的职业，才能在客运服务的工作岗位上创造出优良的成绩；反之，如果对自己的本职工作认识有偏差，在工作中就难免出现心绪不宁，因此和乘客之间的矛盾接踵而来，所以热爱城市轨道交通事业，增强工作热情和责任心，是避免乘客投诉的前提和关键。

2．服务周到，体现一个“细”字

常言道，“与细微处见真情”，我们的服务工作中“细”字越发重要。当发生矛盾时，服务人员通过细心的解释和细致的服务，就能达到化解矛盾和消除投诉之效果。

3．态度诚恳，讲究一个“真”字

在日常工作中，一些乘客往往会因为一些小事而对服务人员的工作有想法，但是，绝大部分乘客都是通情达理的，只要我们态度诚恳，虚心接受，以真心换真心，就能取得乘客的理解。

4．方法灵性，注重一个“巧”字

面对不同性别、不同年龄、不同职业的乘客，处理矛盾和问题也会有差异，有的可以通过摆事实、讲道理加以说服，有的要以诚恳的态度、委婉的语调加以劝说，有的则要得理让人，适用“冷处理”。

只要我们深深爱上客运服务的工作岗位，全身心投入到工作中，相信我们会对自己的工作越来越有信心，越做越好，乘客的投诉自然会远离我们。

【知识链接】

借鉴外国人处理客人投诉的经验

法国菲利普布洛克在其所著的《西方企业的服务革命》一书中提出了处理客人投诉的40条建议。

1. 对待任何一个新接触的人和对待常客一个样。
2. 没有无关紧要的接触，没有不重要的客人。
3. 投诉不总是容易辨认清楚的。
4. 没有可以忽视的投诉。
5. 一份投诉是一次机遇。
6. 发牢骚的客人并不是在打扰我们，他在行使他的最高权力。

7. 处理投诉的人一定被认为是企业中最重要的人。
8. 迅速判明投诉的实质。
9. 用关键词限定投诉内容。
10. 每当无理投诉出现高峰时，应当设法查明原因。
11. 在采取纠正行动之前，应立即对每份投诉给予一份礼节性的答复。
12. 要为客人投诉提供方便。
13. 使用提问调查表以方便对话。
14. 组织并检查答复投诉后的善后安排。
15. 接待不满意的客人时，要称他的姓，握他的手。
16. 处理投诉应因人而异。
17. 请保持轻松、友好和自信。
18. 让客人说话。
19. 要进行记录，可能时使用一份印制的表格。
20. 告诉客人他的问题由你负责处理，并切实去办理。
21. 要答应采取行动，还要设法使人相信你的许诺。
22. 要证明投诉登记在案后，你即开始行动。
23. 告诉客人他的投诉是特殊的。
24. 不谈与客人无关的私事。
25. 防止露出羡慕、烦躁或偏执等情绪。
26. 既要让人说话，又要善于收场。
27. 学会有效地发挥电话的功能。
28. 要像对待你的老主顾那样对待不是你的客人的人。
29. 坚决不能在地位高的客人和棘手的问题面前胆怯。
30. 要核实别人向你传递的消息。
31. 要让别人听你的话，但扯着嗓门叫喊是徒劳的。
32. 复述事实时不要带偏见。
33. 切忌轻率地作出判断。
34. 想一想有无立即答复的可能，问一问客人希望你做些什么。
35. 别急于在电话中商讨解决问题的方案。
36. 请留下您向客人所做的任何诺言或保证的书面记录。
37. 如你当场爱莫能助，不妨先宽宽他的心。
38. 在对话时，对方未说完之前，切莫打断。
39. 一旦对话完毕应立即采取行动。
40. 如果情况允许，就用幽默的方式道歉。

任务检查

表 4-4　乘客投诉服务认知与操作——任务检查单

任务编号 4-1	任务名称 乘客投诉服务认知与操作		
序号	检查内容	是	否
1	按照乘客投诉性质的不同，乘客投诉可分为有责投诉和无责投诉		
2	乘客不了解或不知道企业规定也是乘客投诉的原因之一		
3	按投诉的影响范围不同投诉分为一般有责投诉和重大投诉		
4	在运营时间关闭出入口但没有张贴相关通知属一类有责乘客投诉		
5	在面对乘客投诉时，客运服务人员首先要站在乘客的立场考虑问题		

任务训练

1. 正式投诉根据乘客表达方式的不同可以分为（　　）。
   A. 当面口头投诉　　B. 书面投诉
   C. 电话投诉　　D. 举报
2. 乘客投诉事件的处理的首要原则是（　　）。
   A. 安全第一、乘客至上　　B. 不推脱责任
   C. 先处理事情　　D. 先处理心情
3. 下列哪些不属于乘客投诉的需求？（　　）
   A. 被需要　　B. 被关心
   C. 被倾听　　D. 被服务
4. 用心倾听时，我们应当注意（　　）。
   A. 耐心　　B. 用心
   C. 婉转回应　　D. 不和乘客针锋相对
5. 乘客投诉的处理技巧包括几点？（　　）
   A. 4 点　　B. 5 点
   C. 6 点　　D. 7 点

任务拓展

1. 什么是乘客投诉？产生乘客投诉的原因有哪些？
2. 简述处理乘客投诉的基本原则。
3. 简述处理乘客投诉的常用技巧。

任务二　车站应急服务认知与操作

任务描述

城市轨道交通车站作为人群聚集的重要场所，在轨道交通运营过程中，难免会遇到突发状况。当突发事件发生时，乘客的生命财产安全将受到威胁，他们通常会感到不安和慌乱，在这种情况下，站务人员需要根据现场情况进行及时、灵活的处理，并在充分考虑乘客的心理下，保证紧急情况能得到尽快、妥善处理，降低风险，减少影响范围，保障乘客的生命财产安全。

任务目标

- 了解城市轨道交通车站应急服务的定义及范围。
- 掌握城市轨道交通车站应急服务的基本要求。
- 掌握轨道交通车站突发事件的处置方法。

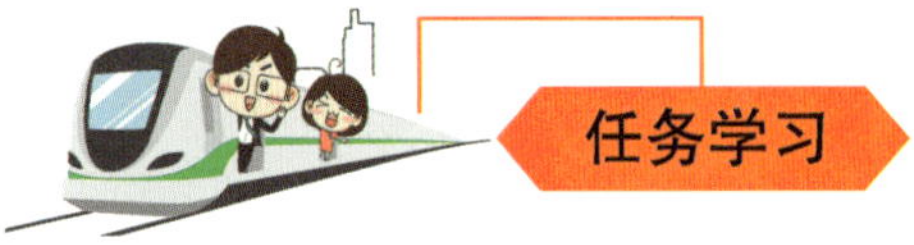

一、城市轨道交通车站应急服务的概念

（一）城市轨道交通应急

城市轨道交通车站服务的对象是乘客，服务的载体是列车。在列车运行中会遇到一些突发情况，当然在车站也会遇到一些突发事件，比如乘客突发疾病、大客流引起的踩踏事件、火灾事件等。那么在车站遇到这些情况，我们的工作人员该如何处理呢？

应急是指应对突然发生的需要紧急处理的事件。服务指在遇到紧急事件时，工作人员及时为乘客提供方便解决问题。城市轨道交通突发事件是指突然发生，造成或者可能造成重大人员伤亡、财产损失、列车中断运行、环境破坏和严重社会危害，需要采取应急措施予以应对的事件。

城市轨道交通车站突发情况大致分为以下几类：乘客突发疾病、乘客有物品掉落轨道、乘客走失、乘客遗失物品、乘客在车站内发生伤害（如被车门夹伤、在扶梯处摔倒等）、车站内设备故障和其他突发事件。

（二）城市轨道交通车站应急服务的概念

城市轨道交通车站应急服务是指城市轨道交通企业在乘客进出站、候车、乘车等过程中遇到突发事件所提供的应急处置服务。

二、城市轨道交通车站应急服务的基本要求

城市轨道交通车站应急服务要求站务人员需具备应对突发状况的处理能力。除此之外，工作人员还应不断提高自身综合素质，比如沟通协调能力、安全意识、服务意识、心理素质、急救常识等。

（一）良好的沟通协调能力

众所皆知，不论是在工作中还是在社交方面，一个人的沟通协调能力是很重要的，而且良好的沟通效果有助于人与人之间的交流，更能加速事件的处置和友好解决。那么如何提升自己的沟通协调能力呢？这可以从以下方面入手：

1．积极沟通

重视且乐于沟通，愿意与人建立联系；在遇到沟通障碍时，能够以积极心态和不懈的努力对待冲突和矛盾，而不是强权或回避（图 4-6）。

图 4-6　积极沟通示例

2．换位思考

能够打破自我中心的思维模式；尝试从乘客的角度和立场考虑问题，体察对方感受，促进相互理解。

3．及时反馈

重视信息的分享；用心倾听各方的意见，并根据实际情况及时做出调整和回应。

4．机制保证

能够有意识地在组织中搭建沟通平台，通过机制建设确保沟通渠道的顺畅。

（二）较强的安全意识

安全意识在安全防范方面具有重要作用。作为站务人员，首先要对自己所处的工作环境及工作方式所存在的安全隐患有一定的认识；其次对于隐患有一定的防范措施；最后这些意识始终在人的大脑里跟随。在进入工作场所后，这些意识就不断地提醒自己，从而消除人为的不安全因素。要让安全驻足于自己的意识中，必须时刻注意安全生产知识的学习，只有清晰地感知到所处工作岗位的客观环境，才能为排除安全隐患奠定认识基础。同时，只有站务人员意识到安全隐患，才能在行为上、技术上做到预防和及时消除安全隐患。

（三）较强的服务意识

服务意识是指企业全体员工在与一切企业利益相关的人或企业的交往中所体现的为其提供热情、周到、主动的服务的欲望和意识。服务意识即自觉主动做好服务工作的一种观念和愿望，它发自服务人员的内心。轨道交通车站每天来来往往的乘客很多，作为站务人员要时刻以最良好的服务对待每一位乘客，营造温暖和谐的车站环境（图 4-7）。

图 4-7　服务意识示例

（四）良好的心理品质

1．良好的心理品质内容

良好的心理品质主要包括志向宏伟，意志坚定，情绪乐观，为人豁达，办事认真。人格上：豁达、宽容、倔强；心理上：镇定从容、沉稳、换位思考。轨道交通车站服务人员在面对突发状况时，要沉着冷静，才能在最短时间内做出正确的应对决定。

2．培养良好的心理品质的方法

（1）自我肯定。人要不断地否定或肯定自己才能进步，而否定的最终目的是向肯定方向发展。自我肯定，保持坚定的信念，往往是事业成功的关键。

（2）抛弃自卑。自卑来自三个方面：一是缺乏成功的体验；二是缺乏客观公正的评估；三是自我评估偏颇。要抛弃自卑，首先要战胜自我，为自己树立一个目标，要有坚强的信念，相信自己的能力，同时要对自己有一个科学、合理的评估。

（3）增强自信。给自己以积极的暗示，一个人如果总想着自己不行，总是给自己以消极的暗示，他就会陷入恶性循环的怪圈中，这时如果用“我能行”代替“我不行”来规劝、激励自己，就会打破恶性循环中的一环，并注入积极的内容，使其重新建立起自信心。要善于去发掘自己的长处，每个人都有自己的长处和短处。当你对自己失去信心的时候，应该去发掘自己的其他特长，以找到恢复自信的机会。站务员在岗时应认真严肃，保持微笑，自信大方，如图 4-8 所示。

（4）心理调节和情绪调节。心理调节和情绪调节简单地讲就是要胆大心细，做事要善于分析，敢于创新，敢于实践。无论什么事情都无所畏惧，做事沉着冷静，善于思考，勤于动手。

图 4-8　站务员在岗

（五）熟练的急救常识

当意外发生时，第一时间为伤病者提供有效救护的人就是伤病者自己及其周围的人，所以站务人员应对常见意外急救常识熟记于心。才能更好地为伤病者赢得时间、保存生命，防止伤势恶化并促使复原。急救现场的处理原则见表 4-5。

表 4-5　急救现场的处理原则

（1）检查现场	① 对于头部及脊椎受伤的伤者禁止搬动，及时固定头颈； ② 确保自己及他人的安全； ③ 检查伤者人数及原因； ④ 立即呼叫救护车
（2）检查伤者	① 气道：气道是否畅通，有无阻塞； ② 呼吸：呼吸是否正常，频率和深度是否正常； ③ 循环：颈部脉搏是否存在

【知识链接】

心肺复苏的适用与操作步骤

对突然发生心跳停止或呼吸停止的病人，专业救护人员不能及时赶到的，应立即使用胸外按压和人工呼吸。乘客表现为 10 秒内神志丧失，60 秒内瞳孔散大固定，指甲掐人中穴无反应，无呼吸动作，颈部脉搏摸不到。急救操作流程如图 4-9 所示。

1. 实施胸外按压步骤

（1）将病人放置仰卧于硬板床或地上。

（2）快速测定按压部位：首先以食指或中指沿病人肋弓处向中间滑移，在两肋弓交点处，即平时我们称为“心口窝”之处向上两横指处按压。

（3）一手掌根部紧贴两肋弓交点上两横指处，作为按压区。此时将两手掌重叠，两手手指交叉抬起。

（4）抢救者双臂应绷直，双肩在患者胸骨正中上方，垂直向下用力按压，按压时利用髋关节为支点，以肩、臂部力量向下按压。

（5）按压方式：应平稳、规则、有力和间断；每分钟 80～100 次。按压深度为 4～5 厘米。单人抢救时，胸部按压 15 次、吹气 2 次；双人抢救时，胸部按压 5 次、吹气 1 次。

2. 实施人工呼吸（常用口对口呼吸法）步骤

（1）用按于前额一手的拇指和食指，在病人鼻翼下端捏闭鼻孔。

（2）抢救者首先缓慢地向患者吹气两口，以扩展其萎缩的肺脏，并检验开放气道的效果，每次呼吸间隔为 1.5～2 秒钟。

（3）深吸一口气后，张开嘴贴紧病人的嘴（要把病人的口部完全包住）。

（4）用力向病人口内吹气（吹气要求快而深），直至病人胸部上抬。

（5）一次吹气完毕后，应即与病人口部脱离，轻轻抬起头部，看到病人吸入新鲜空气，以便作下一次人工呼吸。同时放松捏鼻的手，以便病人从鼻孔呼气，此时病人胸部向下塌陷，有气流从口鼻排出。

（6）每次吸入气量为 800～1200 毫升（相当于一般成年人的一次呼吸量）。对小孩做人工呼吸时，切不可用力太猛或气量太大。一般而言，合适的气流量应该为病人（无论是成人或婴孩）胸部能够轻轻地抬起为好。

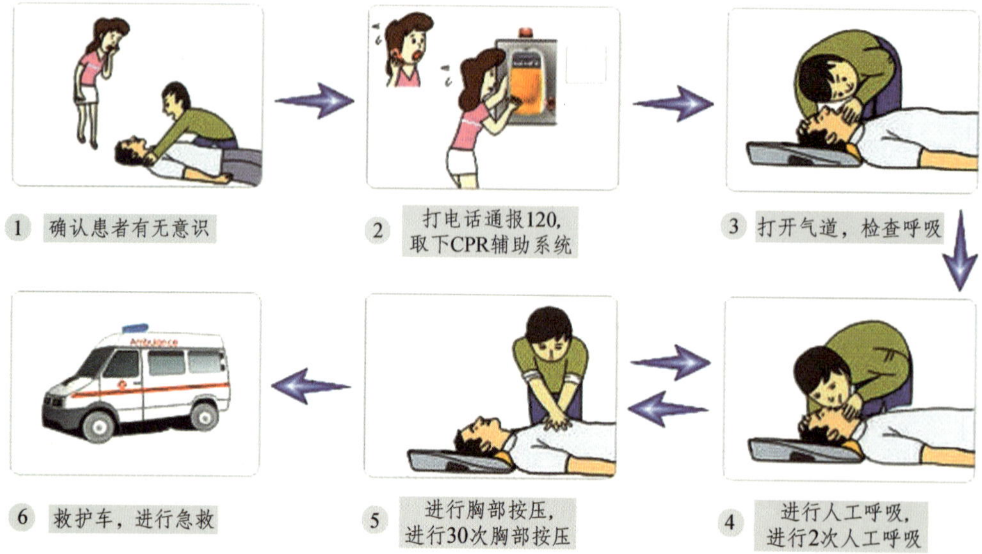

图 4-9　急救操作流程

三、城市轨道交通车站突发事件的处置方法

（一）当乘客突发疾病时

（1）站务人员应主动上前查看乘客的情况，给予适当的安抚和询问：“您好，您哪里不舒服吗？”“需要帮您叫救护车吗？”

（2）站务人员在征得乘客或其家属的同意后，及时与急救中心联系，必要时可以请求其他工作人员到车站出口迎候急救人员，并宣传疏导周围乘客，保障各个通道畅通无阻，为乘客的治疗争取时间。

（3）站务人员应协助医护人员将乘客送上救护车。

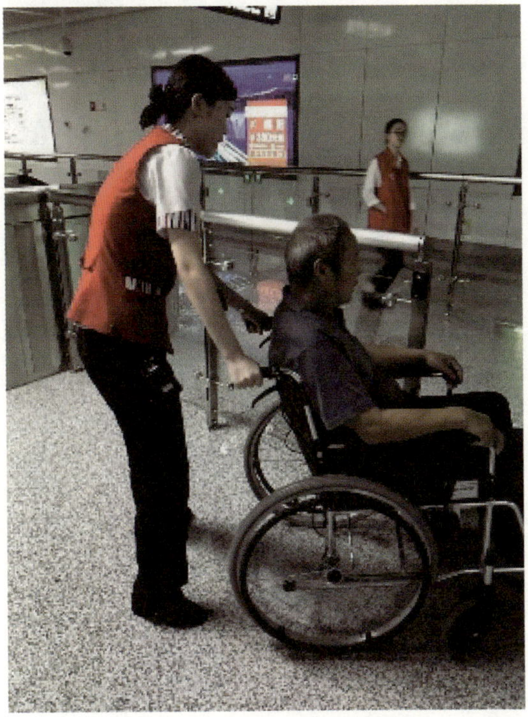

图 4-10　当乘客突发疾病时

案例 1

乘客突发疾病，宁波地铁压赛堰站经历“生死赛跑”

7 月 31 日上午 9:14，停靠压赛堰站站台的列车内发生了惊险一幕。一位老年乘客突发疾病，意识模糊，家属拍打车门向车站工作人员求助。

在接到乘客求助后，压赛堰站站台保安立即向司机显示紧急停车信号，并汇报车控室。当班值站和客值立即携带轮椅和医药箱跑向站台，见老人脸色煞白直冒冷汗，

车站工作人员齐力将他抬下车，扶上轮椅，老人意识开始恢复。

据了解，老先生做完心脏支架手术，当天刚出院。工作人员立马拨打120急救电话。在120急救车赶往车站的过程中，老先生突然握紧拳头、紧闭双眼，几欲昏厥，家属已经急得情绪失控，开始哭喊。

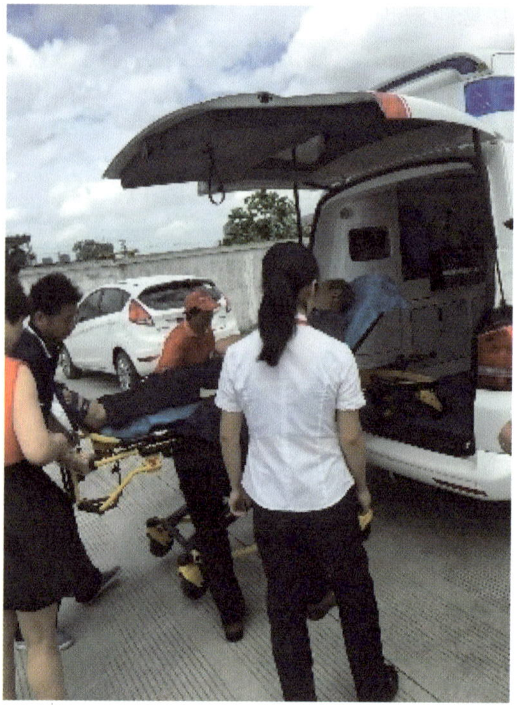

工作人员立即采取简单急救措施。经过几分钟的努力，老人逐渐清醒，恢复意识。上午10点，救护车到达车站，车站人员帮助医护人员将老人送上救护车。短短40分钟，压赛堰站却经历了一场“生死赛跑”，惊心动魄。在安顿完老人后，家属致电压赛堰站车控室，对站务人员表示衷心的感谢。

思考：假如你作为站务工作人员，当面临这样的情况，你会怎么应对呢？

案例2

某杂志社副主编李某在下班回家途中，于重庆地铁3号线××站突然晕倒。当发现这一情况，现场站务人员和其他乘客一起及时对其进行了心肺复苏，期间站务人员迅速呼叫了急救车，随后32岁的李某被及时赶来的救护车送往医院进行继续救治，最后李某在医院成功脱离危险。据其多名同事证实，李某“工作比较拼，经常熬夜”。不少网友感叹，工作再要紧也没有健康重要；同时也有很多网友为站务人员专业的急救知识点赞，李某因处置及时得当，挽救了一条生命。

所以，对于这些公共场所的工作人员，加强专业急救知识的学习是势在必行的。

（二）当乘客有物品掉落轨道时

（1）站务人员应安抚并提醒乘客："为了您的安全，请勿私自跳下轨道，请您放心，我会尽快为您处理。"若条件允许，站务人员应及时为乘客取回其掉落的物品。

（2）如果条件不允许，站务人员应告知乘客将于运营结束后下轨道拾回物品："对不起，目前条件不允许，我们将在运营结束后，帮您拾取。"并请乘客留下联系方式，便于通知其方便时到车站领回物品。

图 4-11　当乘客有物品掉落轨道时

案例 3

近日，有名陈女士在某站乘轻轨时，由于乘客多，众人挤着上车，陈女士的一只鞋掉进轨道内。陈女士后搭乘返程轻轨，准备跳下轨道自己捡。站务人员及时制止了她，并告诉她"由于轨道上有高压电，且轻轨车辆高速运行，因此，为了您的安全，千万不要自行下轨道区间捡拾"。

由于乘客对一些安全隐患认识不充分，站务人员的职责就是要及时提醒和制止乘客的危险行为，防范危及乘客生命安全的事件发生。

（三）当有乘客走失时

（1）站务人员应适当地安抚走失乘客的家人或朋友。

（2）站务人员应了解情况包括走失人员的性别、年龄、特征、走失时间、乘车路线等，并进行登记。

（3）站务人员利用广播在车站内进行协助寻找，如未找到，可上报至运营控制中心在全线进行广播寻找，在征得走失乘客家人或朋友的同意后，通知公安部门找寻。

（四）当乘客遗失物品时

乘客遗失物品查找服务的具体程序和内容见表 4-6。

表 4-6　乘客遗失物品查找服务的具体程序和内容

程序		内容
当乘客反映物品丢失时	接到乘客的反映	（1）安抚乘客："请您别着急，我们马上帮您广播。" （2）了解遗失物品的基本特征，以及物品遗失的地点和时间等
	采取措施	（1）通过广播在本车站内进行询问和查找。 （2）通过电话向有关车站进行询问和查找。 （3）找到遗失物品时，协助乘客办理认领，应礼貌核对乘客的身份，确认乘客所述物品与找到的物品一致
当乘客捡拾到其他乘客的物品并上交时	接到遗失物品	（1）向乘客表示感谢。 （2）当着乘客的面，对遗失物品进行详细的清点和记录，并请乘客签字确认
	采取措施	（1）通过广播寻找失主。 （2）未找到失主时，将物品上交保管。 （3）如果有乘客过来认领，应礼貌核对乘客的身份，并请乘客签字确认

（五）当乘客在车站内发生伤害（如被车门夹伤、在扶梯处摔倒）等情况时

（1）站务人员应安抚乘客情绪，了解伤害状况，对伤口进行简单的消毒处理。

（2）当乘客提出要去医疗机构检查的要求时，站务人员应按照地铁的相应规定进行处置，必要时应该让工作人员陪同乘客一起去医疗机构就诊。

（3）在处理乘客伤害的过程中，站务人员切忌推诿或拒绝其就医的要求。对未发生伤害的乘客，要耐心地向乘客解释，讲明公司的规定，必要时向上级报告，求得解决办法。

（六）当遇到设备故障时

1．设备设施故障时

（1）车站工作人员接到设备发生故障的信息时，要立即赶赴现场查看情况。

（2）根据故障情况进行报修。

（3）在设备故障时如有乘客通过可视对讲（或电话）设备要求进站时，综控室人员首先向乘客表示歉意并告知乘客"目前设备故障请稍候，工作人员将尽快到达现场"，同时做好安抚工作。

2. 遇载客运行时设备故障时

（1）车站工作人员安抚乘客、稳定乘客情绪，同时以手动方式打开安全扶手，协助特殊乘客离开轮椅升降台，征得乘客同意后，将其护送至安全位置。

（2）立即向相关部门报修，并做好记录。

（3）如此时有其他乘客要求使用升降平台，由综控室人员负责向乘客做好解释工作，并通知车站工作人员引导乘客乘坐车站其他出入口的相关设备、设施进站或采取人工方式协助乘客进站。

（4）现场工作人员对故障平台进行挂牌，提示进站乘客“现设备故障无法使用”，待设备维修恢复后，摘牌恢复使用。

3. 直升梯故障时

（1）车站工作人员安抚乘客、稳定乘客情绪；同时告知乘客不要强行扒动轿门，不要倚靠轿门，不要在轿内吸烟、吵闹，耐心等待救援，并听从救援人员指挥。

（2）立即向相关部门报修，并做好相关记录。

（3）在救援过程中，若发现被困乘客中有人晕厥、神志昏迷，应立即通知医护人员到场，以便受困人员救出后即可进行抢救。

（4）待设备维修恢复后，现场车站工作人员恢复设备正常使用。

（5）及时、准确地将相关信息报公司生产调度室。

（七）发生其他突发事件时

1. 车站出现多名特殊乘客要求使用无障碍设施时

（1）车站工作人员将现场情况及时上报站区领导，寻求支援。

（2）现场工作人员积极做好宣传解释工作，如车站具备条件，引导特殊乘客从另一出入口的升降平台进站乘车；如车站只有一台无障碍设备，首先向乘客表示歉意并告知乘客“目前设备正在使用，对不起，请您稍等”，按顺序使用无障碍设备护送乘客。支援人员到达现场后，如乘客有急事，征求其意见后，可人工把乘客护送上车。

2. 发生火灾、停电等突发事件时

发生火灾、停电等突发事件时按照《突发事件应急处置办法》进行处置；现场工作人员要安抚乘客情绪，并迅速将乘客安全护送出站。

任务检查

表 4-7　车站应急服务认知与操作——任务检查单

任务编号 4-2	任务名称 车站应急服务认知与操作		
序号	检查内容	是	否
1	城市轨道交通车站突发情况大致分为乘客突发疾病、乘客有物品掉落轨道、乘客走失、乘客遗失物品、乘客在车站内发生伤害、车站内设备故障和其他突发事件等		
2	熟练的急救常识是站务工作人员开展应急服务的基本要求之一		
3	轨道交通站务人员对急救现场的处理原则应该是先检查伤者再检查现场		
4	乘客遗失物品查找服务的具体程序分为乘客反映物品丢失和乘客捡拾到其他乘客的物品上交两种		
5	对突然发生晕厥的病人，专业救护人员不能及时赶到的，应立即使用胸外按压和人工呼吸		

任务训练

1.（多选）城市轨道交通车站应急服务对站务人员的基本要求？（　　）

A. 良好的沟通协调能力、良好的心理品质

B. 较强的服务意识、较强的安全意识

C. 良好的心理品质

D. 较强的服务意识

2.（多选）城市轨道交通车站应急服务大致可分为以下哪几类？（　　）

A. 乘客突发疾病　　B. 乘客询问如何买票

C. 乘客在车站内发生伤害　　D. 乘客有物品掉落轨道

3.（单选）车站出现多名特殊乘客要求使用无障碍设施时作为站务工作人员第一步应该怎么做？（　　）

A. 首先向乘客表示歉意并告知乘客“目前设备正在使用，对不起，请您稍等”

B. 车站工作人员将现场情况及时上报站区领导，寻求支援

C. 积极做好宣传解释工作

D. 引导特殊乘客从另一出入口的升降平台进站乘车

4.（多选）在城市轨道交通车站偶遇乘客突发晕厥，在实施心肺复苏前，检查（　　）。

A. 气道：气道是否畅通，有无阻塞

B. 呼吸：呼吸是否正常，频率和深度是否正常

C. 循环：颈部脉搏是否存在

D. 是否携带速效救心丸

5.（多选）当乘客反映物品丢失时，作为站务工作人员应该采取哪些措施？（　　）

A. 让乘客自行去找

B. 通过电话向有关车站进行询问和查找

C. 通过广播在本车站内进行询问和查找

D. 找到遗失物品时，协助乘客办理认领，应礼貌核对乘客的身份，确认乘客所述物品与找到的物品一致

任务拓展

1. 作为站务人员，在工作过程中遇到乘客衣扣脱落等尴尬情况时应如何处理？

2. 实战演练，乘客突然发生心跳停止或呼吸停止时，应该如何实施心肺复苏进行急救，请分小组进行演练。

3. 当收到乘客物品遗失信息时，应该如何帮助乘客寻回遗失的物品呢？

4. 结合自身条件试着分析可以从哪些方面提升自己的心理品质？

任务三　车站特殊乘客服务认知与操作

任务描述

随着城市轨道交通的发展，地铁作为乘客出行的重要交通工具，既要考虑到方便大

众，也要满足特殊人群的需求。随着城市轨道交通车站的站务服务质量的细化和加强，不同的车站推出了许多特殊服务。针对残障人士的特殊服务既体现了服务的人性化，也向社会传达了积极向上的能量，体现着城市轨道交通服务的不断提高和发展的不断完善。

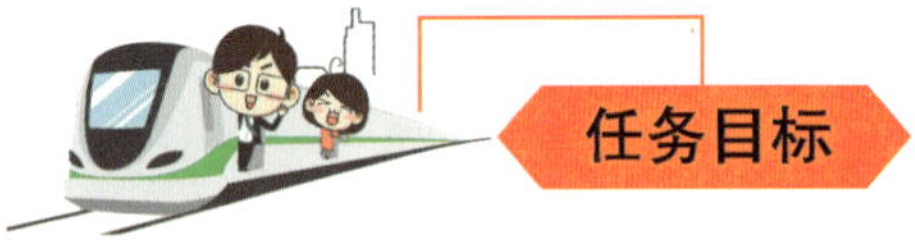

- 掌握特殊乘客服务类型。
- 掌握特殊乘客的服务程序。

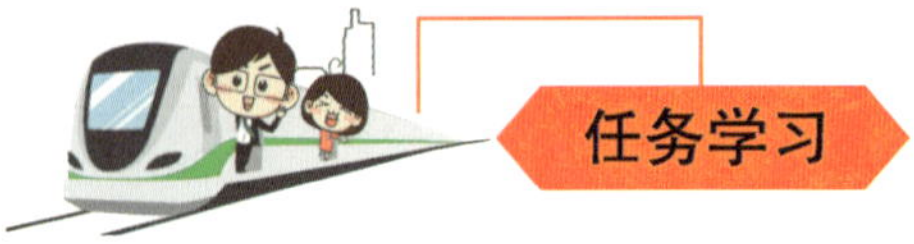

一、认识特殊乘客

特殊乘客又称特殊服务乘客，是指在接受乘客运输和乘客在运输过程中，承运人需要给予特别礼遇或者给予特别照顾的乘客。

特殊乘客包括病患乘客（含担架乘客）、障碍乘客（含轮椅乘客）、无成人陪伴儿童、老年人乘客、孕妇乘客、醉酒乘客等。

注：（1）成人，是指年满 18 岁且具有完全民事行为能力人。

（2）残疾人与其他公民一样享有乘坐地铁的机会，为残疾人提供的地面交通运输应保障安全、尊重隐私、尊重人格。

二、不同类别的乘客服务

（一）老年人

（1）在正常售票过程中，工作人员应放慢语速，音量适当放大但不刺耳，以免惊吓到老年乘客，服务全过程需要耐心提示，悉心帮助老年乘客。

（2）有特殊规定老年人持卡免费乘坐地铁时，工作人员应当引导老年人到闸机前持卡安全通过闸机（图 4-12）。

图 4-12　工作人员帮助老年人到闸机刷卡

（3）有特殊规定老年人持证免费乘坐地铁时，服务人员应当引导老年乘客至客服中心旁边的专用通道口，执勤人员登记后，老年乘客凭借证件可免费进入（图 4-13）。

图 4-13　石家庄地铁内老年人在专用通道前登记

（4）在进出站时，应礼貌地建议年老的乘客搭乘直梯，如果乘客坚持搭乘自动扶梯，则应由工作人员陪同老人搭乘自动扶梯。

案例分析 1

地铁开通首日，老人地铁站内吃“闭门羹”

2013 年 12 月 28 日中午 11 时 50 分，郑州地铁 1 号线 20 站点大门开启，郑州市民正式进入地铁幸福时光。在首日乘坐地铁的市民中，有不少老人。郑州市管城西街的 77 岁老人马某和老伴便是其中两位，但进站后，本以为能免费乘车，却被告知无法免费。之前媒体称，到 2014 年 4 月，老的公交卡可以更换为新的一卡通老年卡，这 4 个月的时间，如果乘车的话可以凭借老年优待证和身份证换取爱心票免费乘车，但为什么一到车站就不行了呢？

对此，郑州轨道交通运营公司一位人士称，不知道有这样的政策，也从来没有接到相关部门的通知。

讨论：郑州地铁公司应当针对老年人群体制定什么政策呢？

（二）儿　童

1. 儿童免票的政策

1.2 米以下的小孩子免费乘车，1.2 ~ 1.5 米的小孩享受半价乘车。

2. 儿童乘坐地铁的注意事项

（1）年幼的乘客只有在大人陪同下才可以进入车站，在购票或过验票口的时候，要提醒大人抱起儿童，以防人多或孩子乱跑而丢失。进出闸机时，提醒乘客遵循儿童在前、大人在后的刷卡进站原则。

（2）进入地铁内，提醒家长禁止带气球等容易爆裂的儿童玩具，或长度较长容易伤人的工具。

（3）候车时，提醒家长要带儿童站在黄线内，千万不可以让孩子追逐打闹，避免因儿童快跑与其他乘客发生碰撞引发的摔伤。地铁开进站时要抱好或拉好自己的儿童，防止因为人多使得孩子发生危险。提醒儿童在地铁还没有停稳之前，千万不要越过黄线，或用手触摸地铁门，以防被车门挤伤。

（4）使用婴儿车进站时，工作人员提醒乘客首选直梯而非扶梯；遇到地铁站楼梯，提醒乘客不要连车带儿童一起搬行，婴儿车容易遮挡视线，可能导致连车带人摔倒的危险。工作人员应当帮忙将婴儿车搬下楼梯，乘客怀抱孩子下楼梯。乘车时，时时提醒看护人照看好儿童。

案例分析 2

地铁意外事故七成祸起电扶梯　90% 意外受害人为小孩

“尤其是电扶梯意外已经成为地铁意外的主要问题，占地铁意外总数的 70% 左右。”市轨道办副主任陈某表示，儿童和老人是地铁意外的主要受害人群，需要更加注意。

以港铁（深圳）所运营的 4 号龙华线为例，在乘客意外事件中，电扶梯意外占总意外的 63%，其中涉及老人和小孩。因不熟悉电扶梯设备而导致的意外，占电扶梯意外的 80%；被车门、垂直电梯门、进出口闸机等夹伤的意外，占意外的 17%，其中垂直电梯、闸机夹伤意外的 90% 受害人为小孩，均为大人未看管好孩子所致；而不遵守上下车秩序，上下车推挤，则是造成车门夹伤和踏入空隙意外的主因。

“我们希望让地铁安全意识深入人心，持续、多方面对市民进行出行教育，减少意外的发生。”港铁（深圳）相关负责人介绍。

陈某表示，暑期就要到来，外地来深客流将会继续增加，预计大量客流会乘坐地铁，因此需要尽快让他们熟悉地铁，这也将是本次宣传季宣传的重点。

讨论：（1）地铁工作人员应当怎样做来减少地铁内的伤害？

（2）地铁内儿童发生事故，乘客有责任吗？

（三）身体不适的乘客

1. 乘客在上车前或下车后感到身体不适

（1）看到有气色、神情异常的乘客，工作人员及时上前询问情况及是否需要提供帮助，带乘客到休息室或综控室休息，并帮助乘客倒水，积极联系乘客家人，如果乘客稍作休息后无好转，可以征求乘客的意见是否需要帮忙叫救护车。

（2）若发现有乘客突然晕倒在站台，应立即带乘客去休息室或将乘客抬放到站厅长椅上平躺下来，使用屏风做好围护工作，轻拍乘客并为乘客准备糖水，如果病人仍然意识不清，立即联系救护车，并尝试联系病人家属（图 4-14）。切记在不知情的情况下，勿摇晃和拍打客人。

图 4-14 某地铁站内站务人员及时救助乘客

2. 乘客在车上感到身体不适

列车上的紧急按钮是供客人在危机的情况下使用的，当工作人员听到“求助按钮”的声音后，迅速锁定站台位置，了解乘客当前身体状况，携带药箱和温水到即将停靠的站台等候，为救治节约时间。待乘客下车后，喂乘客喝水，细心询问乘客的身体状况，是否需要救护车。如果乘客已经昏迷不醒，则应立即呼叫救护车，并及时联系相关家属（图 4-15）。

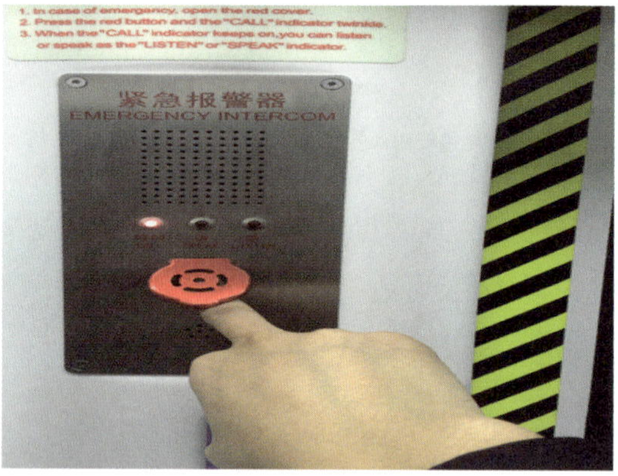

图 4-15　某地铁车厢内紧急报警器

案例分析 3

【地铁正能量】乘客身体不适 车站各岗位争相帮助

“请马上开门，车厢内有乘客晕倒！”2017 年 5 月 12 日上午 8 时许，地铁 1 号线上，乘客发现车厢内有人晕倒，急忙按下车厢内一个红色按钮，那是司机紧急对讲装置，紧急情况下可以与司机进行通话。

原来，在前往高桥西方向的列车，当列车经过福庆北路站时，一名女士突然软绵绵地瘫倒在地上。当时，车门已经关闭，列车准备驶离福庆北路站，这名乘客情急之下按下紧急对讲装置，让司机打开了车门。车站的工作人员接到消息后立马赶往车厢与乘客一起将女士扶至站台座位休息，车厢内另外一名好心的女乘客带上孙女士的随身物品，一起下车帮忙照顾。该名乘客将女士交给站务人员后，松了一口气，又急急忙忙上班去了。由于事发突然，该名女士还未清醒，在排除她受伤的情况下，工作人员拨开人群，赶忙抱起女乘客，将其送到车站站务室休息，并拨打了 120 急救电话。

随后车厢工作人员与驻站民警联系了孙女士家属，孙女士在车站休息一段时间后有所缓解，表示不需要 120，后被家属接走。

“感谢宁波地铁，你们的细致服务让我感受到了这座城市的温暖！”家属在接到孙女士后对车站员工感激地说。

资料来源：http://www.sohu.com/a/140/05880_648635.

（四）残疾乘客

残疾乘客主要包括肢体残疾、视力残疾、听力残疾等乘客。

1．肢体残疾乘客

（1）乘坐轮椅肢残乘客的特点。

乘坐轮椅的乘客的普遍心理特点表现为独立与依赖心理并存，孤独感与渴望交往并存，自尊与自卑心理并存的矛盾人格，甚至在较为极端的环境场合会将这种心理的潜台词强烈地表达出来。

在乘坐轮椅乘客未主动提出帮助时，工作人员不必过于主动帮助或把主观的意愿强加给他们，提供帮助前应先征求他们的意见。不要对乘坐轮椅乘客的特殊之处表现出过多的关注与好奇，更不要盯着他们的残肢看，要将他们视作健全人。在服务过程中，要协助他们展现出自己最好的状态，不要试图为他们包办所有的事情。

乘坐轮椅乘客大致可以分为两种情况：一种是乘坐轮椅乘客可自行驱动轮椅；另一种是无法自行驱动轮椅，行动与生活上需要陪同和照顾。

乘坐轮椅但不需陪护乘客的特点是，这类乘客在感知、注意、记忆、思维等认识过程方面与常人没有或无明显区别，在一般的生活与工作技能方面也不存在很大的障碍，所以在各类乘客中不但有飒爽英姿、自立自强的乘坐轮椅运动员，残奥会期间也有可能出现乘坐轮椅的技术官员和媒体工作人员参与到各种复杂的工作之中。他们在短距离内基本可以自主驱动轮椅，有较为熟练的操作技术。这类乘客能够正视生理上的残缺，在长期的生活中树立了坚强的人格，他们往往心态自然，开朗豁达，行动自理能力较强且具有独立生活的习惯，并且有应付突发事件的心理素质，他们希望得到人们的认可，在为他们提供必要的帮助的同时，更要支持并鼓励他们，帮助他们表现出自己最好的一面。

乘坐轮椅但需陪护乘客的特点是，这类乘客很大程度上依赖他人的照顾，同时因为伤残特点而有可能伴有语言等方面的障碍，无法与他人进行流畅自如的交流并出现一些非常态的举动。图 4-16 为车站服务工作人员护送乘客出站。

图 4-16　车站服务工作人员护送乘客出站

（2）不乘坐轮椅肢残乘客的特点。

不乘坐轮椅的肢残乘客一般仅有肢体上的残疾或缺陷，心理上并无明显的缺陷，他们在感知、注意、记忆、思维认知能力方面与健全人并无明显区别，但由于肢体残疾随之而来的社会角色等的改变，他们在个性特征方面存在着一些特点：独立性与依赖性并存，即使内心渴望得到别人的帮助，来解决某些力不从心的实际问题，却不愿表现出自己的依赖性。不乘坐轮椅肢残乘客的“行动伙伴”如表 4-8 所示。

表 4-8　不乘坐轮椅肢残乘客的“行动伙伴”

主要工具	简要介绍	说明
拐杖	1. 可分为腋下拐杖和前臂拐杖； 2. 腋下拐杖可以协助下肢残疾人站立及行走； 3. 前臂拐杖可以协助步行不稳定的下肢残疾人行走	
义肢	主要用来取代肢残人失去的肢体部分	若因需要（如安检），确需其摘下义肢时，要注意保护其隐私

（3）残疾乘客工作程序。

① 由出入口进入站厅。如果有直梯，帮助残疾乘客乘坐直梯；如果没有直梯，则安排并帮助乘客乘坐残疾人专用电梯。图 4-17 为各地铁站内外设置的直梯。

图 4-17　各地铁站内外设置的直梯

② 引导与陪同。在推行轮椅的过程中应注意行进速度和稳定性；在轮椅陪护过程中应减少对其他乘客的妨碍，轮椅行进过程中提示周围乘客避让。

③ 协助安检。引导乘客至安检位置，对乘客的行李和轮椅进行检查，尽可能由同性别的工作人员完成，尽量减少琐碎不便的环节，并给予乘客足够的尊重。

④ 协助乘客进出付费区。引导乘客至乘客服务中心，带乘客完成购票，引导乘客从宽通道或专用通道进出付费区，并帮助其刷卡。

⑤ 协助上、下车。引导乘客至划定的站台无障碍候车区域，疏导其他乘客到相邻车门排队候车，使用渡板让乘客安全上下车。图 4-18 为某地铁站内工作人员为特殊乘客安放渡板。

上车时，要将乘客护送至车厢内无障碍专用位置，确认轮椅已经制动或与列车上专用挂钩固定，并提醒乘客坐稳扶牢，告知乘客目的站会有站务人员迎送，然后通知目的车站的工作人该乘客所乘车次、车号、发车时间、所在车门位置、列车路线等信息，目的站应做好准备工作。

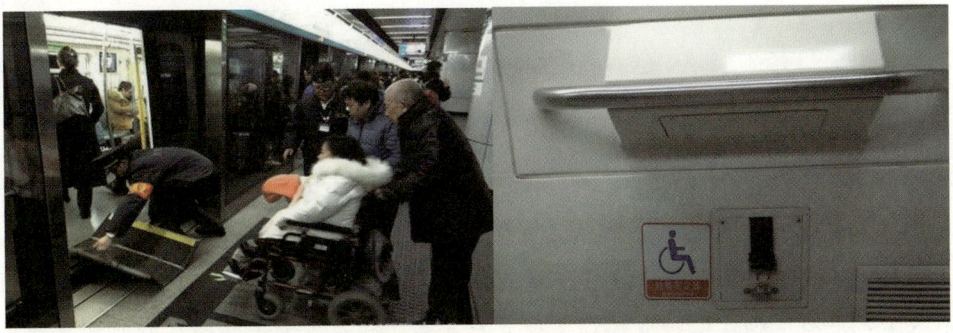

图 4-18　某地铁车厢内无障碍专用位置

2．视力残疾乘客

对视力残疾乘客抱有怜悯之心是理解、关心、帮助他们的基础，但工作人员不能出于怜悯以一种施舍的态度提供帮助，服务过程中切记三点：一是要先问对方是否需要帮助，再给予帮助；二是对视力残疾乘客避讳使用“瞎说”“瞎猜”“瞎想”等容易刺伤他们隐痛的词句；三是在视力残疾乘客面前应主动介绍谈话人自己和身边的朋友，让他们知道谁在周围。应直接与视力残疾乘客交谈，以声音向他表达，离开视力残疾乘客时，要先告诉对方，避免其不知向谁说话。视力残疾乘客的“行动伙伴”如表 4-9 所示。

表 4-9　视力残疾乘客的“行动伙伴”

主要工具	简要介绍	说明
盲杖	1. 由腕带、手柄、杖体、杖尖四部分组成； 2. 一般使用的是全白色手杖，或者手柄下方带 10 公分的红色	不可在未告知视力残疾乘客的情况下，拿走其盲杖

续表

主要工具	简要介绍	说明
助视器	1. 分为近用助视器和远用助视器； 2. 近用助视器多用于阅读、观看微小精细的手工操作； 3. 远用助视器多用于观看黑板、张贴的广告等	不要随便动视力残疾乘客的助视器，不要用手直接触摸镜片
导盲犬	1. 一种工作犬，常被人们称为“盲人的眼睛”； 2. 导盲犬戴有一个大小合适的脖圈，脖圈上套一个长度合适的“U”型硬把手，视力残疾人行走时抓着把手； 3. 导盲犬可以带领视力残疾人及早避开障碍物，以及突如其来的车辆，使其更安全、更迅速地行进	

案例分析 4

特殊的“一站式”服务预案

在某市 5 号线立水桥站的乘客中，有两位特殊的乘客，一位是视力残障的刘女士（化名），还有一位就是她的导盲犬。导盲犬可以进地铁为刘女士出行提供便利，但与普通乘客不同，只要刘女士进车站，当值的工作人员就会启动“一站式”服务预案。5 号线立水桥站值班站长说，这“一站式”预案是专门为她量身定制的。为了方便接待刘女士，车站让她在进站前先行电话告知，这样就会有员工在约定的时间等候提供接待服务。不仅要把刘女士和爱犬接进站，接待人员还要问明她的换乘线路，并帮其安排好换乘事宜。图 4-19 为某地铁车厢内导盲犬。

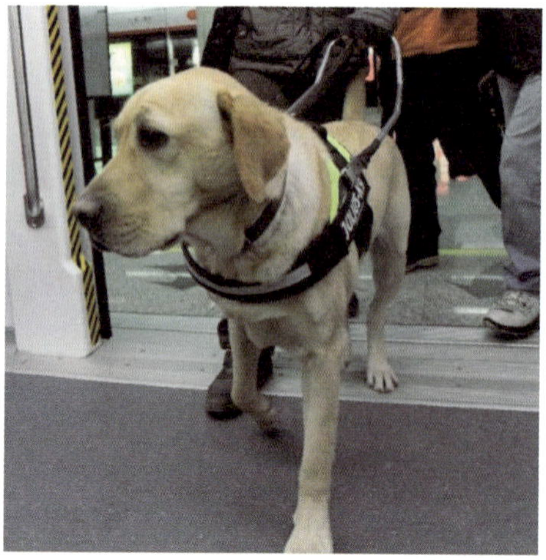

图 4-19　某地铁车厢内导盲犬

然而，仍然有许多城市禁止导盲犬进入地铁。

讨论：你认为导盲犬可以进入地铁吗？这会给市民带来什么影响？

3. 听力残疾乘客

听力残疾乘客一般都存在听力和语言上的障碍。与听力残疾乘客沟通时，眼睛就是心灵的窗口，正确对待听力残疾乘客，注意言语、眼神、身体姿态等方面的方式和方法。可以通过“手语”或“写字”等视觉方式进行表达和交流。听力残疾乘客的“行动伙伴”如表 4-10 所示。

表 4-10 听力残疾乘客的“行动伙伴”

主要工具	简要介绍	说明
手语	1. 手语是应听力残疾人的交际需要产生的，作为一种语言，为人们所接受； 2. 主要分为手指语和手势语两种	不同地区有不同的手语；不同国家手语也有区别
助听器	通过助听器将声音放大使听力残疾人可以听到原来听不清楚、听不到的声音	
人工耳蜗	帮助重度及深度听力残疾人获得或恢复听觉	
纸条或卡片	方便有效的交流工具	

案例分析 5

地铁推手语服务 方便特殊乘客

北京地铁将打造无障碍出行的精品车站。北京地铁运营四分公司介绍，此次试点的四座车站包括昌平东关站、昌平站、十三陵景区站、昌平西山口站，这 4 站将设立爱心电梯，站内直梯将全部换装，优先特殊乘客乘坐。记者看到，这些电梯侧面显著位置标有“爱心电梯”字样，同时标有“请行动不便者优先乘坐”的提示语。据悉，上述 4 站还专门在爱心电梯及站台门前设立了“优先等候区”，让老、幼、病、残、孕及腿脚不便等特殊旅客优先候车、乘车。

同时，北京晨报记者从北京地铁运营三分公司了解到，地铁 8 号线的森林公园南门、林翠桥、永泰庄、西小口、育新这 5 站也根据车站客流特点，推出窗口手语服务，聋哑等特殊乘客购票、咨询等将更便捷。

（五）携带大件行李的乘客

进站时，对携带了大件行李而不便进闸的乘客，站厅站务员可以让乘客验票并关闭扇门后（以防其他无票乘客通过扇门进站），为该乘客打开边门进站，并告诉乘客保管好车票。

出站时，站厅站务员可以让乘客将票投入闸机内，待关闭扇门后（以防其他无票乘客通过扇门出站，为该乘客打开边门出站。

（六）地铁站内摔伤的乘客

发现乘客摔伤，立即由车站工作人员搀扶到车控室，若乘客伤势严重，立即拨打 120 急救电话，若伤势较轻，可由车站提供外伤的药品。

当时立即找到两位目击证人，若因地铁原因造成的乘客摔伤，通知安全监察部，按地铁有关规定处理；若因个人原因造成，则安抚乘客下次小心，有必要时通知其家人。

（七）地铁站内精神异常的乘客

发现精神异常的乘客，工作人员立即通知车控室处理，并重点留意他们的动态，同时加强维持站台秩序。

任务检查

表 4-11　车站特殊乘客服务认知与操作——任务检查单

任务编号	4-3	任务名称	特殊乘客服务认知与操作
序号	检查内容	是	否
1	在对老年人的售票过程中，应放慢语速，一直增大音量以免老人听不见		
2	带儿童的乘客应当遵循大人在前、儿童在后的刷卡进站原则		
3	应当禁止身体不适的乘客上车		
4	遇到肢残乘客，要热情为他们包办所有的事情		
5	对视力残疾的乘客要先问对方是否需要帮助，再给予帮助		

任务训练

1. 一般情况下，城市轨道交通遇到的特殊乘客有哪些呢？（　　）

A. 儿童　　B. 老年人　　C. 残障乘客　　D. 身体突发不适的乘客

2. 若有带儿童的乘客进站时，应当遵循的原则是（　　）。
   A. 大人在前、儿童在后　　B. 儿童在前、大人在后
   C. 儿童和大人同时进站　　D. 儿童和大人分别刷卡进站
3. 针对听力残疾的乘客可以适当使用哪些无声语言？（　　）
   A. 表情　　B. 动作　　C. 语言　　D. 手势
4. 站务员在给视力残疾乘客提供服务时，需要注意以下哪些问题？（　　）
   A. 要先问对方是否需要帮助，再给予帮助
   B. 对视力残疾乘客避免使用“瞎说”“瞎猜”“瞎想”等容易刺伤他们隐痛的词句
   C. 在视力残疾乘客面前应主动介绍谈话人自己和身边的朋友，让他们知道谁在周围
   D. 应直接与视力残疾乘客交谈，以声音向他表达，离开视力残疾乘客时，要先告诉对方，避免其不知向谁说话
5. 如果地铁车站里面发生乘客摔倒事件，工作人员应该怎么办？（　　）
   A. 车站工作人员搀扶乘客到车控室
   B. 立即拨打 120
   C. 当时立即找到两位目击证人
   D. 通知其家人

任务拓展

1. 对于特殊乘客服务需要注意哪些问题？
2. 在进站口遇到身体不适的乘客应当怎么做？
3. 对听力残疾乘客可以使用哪些辅助工具？

服务礼仪拓展视频 4

参考文献

[1] 申碧涛. 城市轨道交通客运服务[M]. 北京：中国铁道出版社，2010.

[2] 王伟雯. 城市轨道交通车站客运服务[M]. 北京：中国铁道出版社，2010.

[3] 潘利，李培锁. 城市轨道交通车站客运服务[M]. 北京：人民交通出版社，2017.

[4] 裴瑞江. 城市轨道交通客运服务[M]. 北京：机械工业出版社，2014.

[5] 上海申通地铁集团有限公司. 城市轨道交通车站客运服务[M]. 北京：中国铁道出版社，2010.

[6] 吴静，刘菊美. 城市轨道交通客运服务与礼仪[M]. 北京：中国电力出版社，2017.

[7] 高蓉. 城市轨道交通服务礼仪[M]. 北京：人民交通出版社，2011.

[8] 吴艳艳. 城市轨道交通客运服务与礼仪[M]. 北京：北京交通大学出版社，2017.

[9] 赵铎，常博. 城市轨道交通服务礼仪[M]. 北京：中国石油大学出版社，2015.